언어 인지 뇌과학 입문서

고이즈미 마사토시 · 김정호 · 조영호 공저

신아사

들어가기

이 지구 상에는 인간을 비롯한 수많은 동물과 식물들이 공존하며 살아가고 있지만, 모두 다 평등한 능력을 갖지는 않는다. 새들에게는 하늘을 자유롭게 날 수 있는 고유한 능력이 갖추어져 있지만, 사자나 호랑이는 그럴 수 없다. 하지만 그들은 다른 동물보다 빨리 달릴 수 있는 능력을 갖고 있다. 우리 인간들은 어떠한가? 생득적(生得的)으로 이러한 능력을 갖추지는 못했지만, 우리는 새보다 더 빨리 하늘을 날 수도, 사자나 호랑이보다 더 빨리 달릴 수도 있다. 물론 비행기나 자동차라는 현대 문명을 이용했을 경우의 이야기이다. 그럼 왜 인간들은 새들처럼 하늘을 날고, 사자나 호랑이보다 더 빨리 달리는 방법을 습득할 수 있었을까? 이 질문에 대한 해답은 수없이 많을 것이다. 그럼, 인간 고유의 능력은 무엇인가? 라는 질문에 대한 대답은 무엇일까? 이 또한 정답이 있는 질문은 아니지만 그중에는 '언어'라는 키워드가 포함되리라 믿는다. 다른 종(種)들이 갖지 못한 '언어'라는 수단을 이용해 커뮤니케이션 활동을 하는 것은 유일하게 인간에게만 국한된 권리이며 능력이다. 물론 다른 동물에게도 의사소통을 나눌 수 있는 능력이 있음을 보여주는 연구 보고도 있지만, 우리 인간들의 무궁무진한 언어 능력에 비한다면 극히 제한적이다. 이렇게 인간에게 주어진 언어의 본질을 추구하고 실제로 언어 사용을 가능하게 하는 뇌 구조를 관칠하는 학문이 인어 인지 뇌과학이다. 그리고 언어 인지 뇌과학은 ①언어를 지배하는 1400그램의 거대한 우주라 불리는 뇌 구조의 연구를 통해, ②인간의 인지능력(=마음)의 수수께끼를 풀고, ③인류의 행복에 공헌하려는 시도이다.

이 책은 언어학을 공부한 경험이 없는 일반인도 이해할 수 있도록 가능한 평이한 용어를 사용해 언어 인지 뇌과학의 기초적인 부분을 설명했다. 이 책을 통해서 모든 분들이 평소에 특별한 감정 없이 사용하고 있는 우리 인간들의 위대한 자산인 언어의 심오함을 직접 느끼고 경험해 좀 더 행복한 내일을 맞이하길 바란다.

새로운 계절을 재촉하는 빗소리가 정겨운 교토에서

김정호

차례

제 3 장 언어산출과 이해에 관한 심리언어학적 선행 연구

제4장 언어산출과 이해의 신경 기반

제5장 언어 인지 뇌과학의 연구 사례 - 뒤섞기 어순문의 이해

제1장

언어 인지 뇌과학이란 무엇인가?

1. 인간은 어떻게 언어를 사용할 수 있는가?

언어는 우리 인간들의 일상생활에서 없어서는 안 되는 중요한 역할을 한다. 어느 날 갑자기 불의의 사고로 언어를 잃게 되면 사고를 만나기 전과는 너무나도 다른 일상을 맞이하게 될 것이다. 언어장애 때문에 고통을 겪고 있는 많은 사람들의 일상생활을 직접 눈으로 확인하지 않더라도 언어의 상실로 겪게 될 불편함이 얼마나 클지는 쉽게 상상할 수 있을 것이다.

우리 인간들은 어떻게 언어를 사용할 수 있으며, 또 왜 언어를 상실하는 불행한 일이 일어날까? 새가 하늘을 날 수 있는 것은 날 수 있는 구조로 되어 있기 때문이고, 물고기가 물 속에서 호흡할 수 있는 것 또한 물속에서 호흡할 수 있는 기관을 가지고 있기 때문이다. 그와 마찬가지로 인간이 언어를 사용할 수 있는 것은 언어를 사용할 수 있도록 형성되어 있기 때문이다.

문제는 '어떻게' 형성되어 있기에 언어를 사용할 수 있는가이다. 언어를 산출(産出)하는 원천은 뇌 속에 존재한다. 따라서, 언어의 이해나 산출을 지배하는 뇌 구조를 해명하는 일은 '인간은 어떻게 언어를 사용할 수 있는가? 언어를 상실하는 일이 왜 일어나는가?'에 대한 답변이 될 것이다.

이상과 같은 의문점을 연구하는 학문 분야가 언어 인지 뇌과학(言語認知腦科學)이다. 생소한 용어라서 조금 어렵게 느껴질 수도 있겠지만 우리 인간들의 일상에서 꼭 필요한 언어를 그 연구 대상으로 한다는 점에서 본다면 오히려 친근감이 느껴지는 분야이기도 하다. 본 장에서는 여러분을 언어 인지 뇌과학의 세계로 초대하려고 한다.

언어 인지 뇌과학의 연구과제는 너무나도 광범위하고 다양하지만, 여기에서는 편의상 <언어 지식> <언어 획득> <언어 사용> <대뇌 기반>의 4분야로 나누어 설명한다.

2. 언어 지식

언어 지식이란 한국어나 일본어, 영어와 같은 개개 언어를 사용하는 사람의 뇌 속에 존재하는 해당 언어의 문법과 어휘 지식 체계를 가리킨다. 대부분의 언어 지식은 그 내용을 스스로 자각하지 못하는 잠재적 지식이다. 언어를 지배하는 뇌 구조의 탐구는 이러한 언어 지식에 관한 연구가 그 출발점이다. 언어 지식의 내용을 제대로 이해하지 못하면 결과적으로 언어 지식이 대뇌에서 어떻게 생성되고(언어 획득), 어떻게 운용되는지(언어 사용)에 관한 연구도 할 수 없기 때문이다. 유감스럽게도 지금의 과학 기술로는 뇌 속의 지식 내용을 직접 눈으로 관찰할 수 없다. 그래서 직접 눈으로 관찰할 수 있는 구체적인 언어 표현의 규칙성을 철저히 조사해 그 배후에 감춰져 있는 뇌 속의 언어 지식 내용을 추측하는 것이 가장 일반적이고 보편적인 연구 방법이다. 본 절에서는 언어 지식에 관한 구체적인 연구보다는 3절 이후에서 소개할 연구(언어 획득, 언어 사용) 내용을 이해하는 데 필요한 최소한의 예비지식을 소개한다.

한국어와 일본어의 기본적인 어순(기본 어순)은 (1)처럼 '주어(S)<목적어(O)<동사(V)'이다.

(1) 수지가 소설책을 샀다.

목적어는 주어와 동사 사이에 위치하지만, 동사와 관련성이 강하기 때문에 동사구(動詞句)라 불리는 문법적인 구성소(뭉치)를 이룬다. 나아가 동사구와 주어가 결합해서 보다 커다란 구성소(constituent), 즉 문장을 이룬다.

(2) [수지가 [소설책을 샀다]].

목적어와 동사가 구성소를 이루고 있다는 사실에는 다양한 증거가 존재하지만, 본 절에서는 직감적으로도 이해할 수 있는 두 가지 현상에 관해 설명한다. 우선 그 하나는 목적어와 타동사를 (3)처럼 하나의 자동사로 바꾸더라도 (의미는 바뀌지만) 한국어로서 적절한 문장이 된다는 점이다.

(3) 수지가 웃었다.

이는 (2)'소설책을'과 '샀다'가 (3) '웃었다'와 (문법적으로) 같은 역할을 한다는 것을 시사한다. 이에 반해, 타동사 문의 주어와 동사에는 직접적인 관련성이 없으므로 목적어를 남겨두고 주어와 동사만을 다른 하나의 단어로 바꿀 수는 없다.

동사와 목적어의 관련성이 강하다는 사실을 증명하는 또 한 가지 현상은 동사가 목적어의 조사를 결정한다는 점이다. (2)의 '사다'는 그 목적어로 조사 '를/을'을 요구하지만, (4)처럼 '결혼하다'는 '과/와'를 요구한다.

(4) 수지는 민수와 결혼했다.

이처럼 목적어가 어떤 조사를 선택하는지는 동사에 의해 결정된다. 반면, 주어에 붙는 조사의 종류는 개개 동사에 의해 좌우되지 않는다.

이처럼 문장은 단순히 단어를 염주 꿰듯 줄줄이 묶어 생성되는 것이 아니라 여러 개의 단어가 결합해 구성소를 이루고, 그 구성소가 또 다른 단어나 구성소와 결합해 더 큰 구성을 이루는 식의 구조로 만들어진다. 이러한 현상을 '문장은 **계층구조**를 갖는다'라고 표현하기도 한다. 계층구조를 갖는 성질은 한국어뿐만 아니라 어느 언어에서도 찾아볼 수 있는 **보편적**인 사실이다.

한국어는 (1)과 같은 기본 어순문은 물론 (5)와 같은 어순도 가능하다. (5)는 목적어가 동사구 내부의 기본위치에서 문장 맨 앞으로 '**이동**'해 생성된 어순이다.

(5) 소설책을 수지가 [t 샀다].

일반적으로 '이동'이 발생하면 이동하기 전의 위치에 이동한 요소의 흔적(예문에서 [t]로 표기한 부분)이 남는다. 이동한 요소는 그 흔적(trace)과 관련 지워질 때에만 올바른 해석이 가능하다. 예를 들면, (5)의 '소설책을'은 문장의 맨 앞 위치에서는 목적어로서의 해석을 받지 못하고, 동사구 내부의 흔적과 관련 지워질 때 비로소 '샀다'의 목적어로 인식되고 올바르게 해석된다. 제5절(언어의 대뇌 기반)에서 살펴보겠지만, 뇌 손상으로 인해 뇌 속에 흔적(에 내응하는 표시)을 생성할 수 없게 되면, (5)처럼 이동을 포함하고 있는 문장을 올바르게 해석할 수 없게 된다. '이동'에는 다양한 종류가 있지만, (5)와 같은 타입의 이동을 뒤섞기(scrambling)라 부른다. 계속해서 영어의 이동 현상에 대해 살펴보자.

여러분도 잘 알고 있듯이 영어 의문문은 의문사가 문장의 맨 앞으로 이동(위치)한다. 대부분의 의문사는 wh-로 시작하기 때문에 의문사의 이동을 WH 이동이라 부르는 경우가 많다. (6)은 동사 'buy'의 목적어인 'what'이 동사구 안에서 문장의 맨 앞으로 이동하고, 'what'의 원래 위치에는 흔적(t)이 남겨져 있다.

(6) What did you [buy t]?

이하에서는 발음되지는 않지만 문장 속에 이동의 흔적이 존재한다는 사실을 보여주는 현상에 대해 소개한다. 구어체 영어에서는 동사 'want'와 부정사절 'to'를 'wanna'라 줄여서 발음할 수 있다. 이것을 wanna 축약이라 한다.

(7) a. I want to meet Bill.
b. I wanna meet Bill.

wanna 축약은 (7)처럼 'want'와 'to'가 인접해 있을 때만 가능하고 (8)처럼 'want'와 'to' 사이에 다른 단어가 개입해 있을 때는 불가능하다((8b)의 맨 앞에 표기한 *는 해당 문장이 문법적이지 않다는 것을 가리키는 기호).

(8) a. I want Mary to meet Bill.
　　b. *I wanna Mary meet Bill.

또한, wanna 축약은 의문문에서도 가능하다.

(9) a. Who do you want to meet t?
　　b. Who do you wanna meet t?

여기에서 흥미로운 점은 'want'와 'to' 사이에 이동의 흔적이 존재할 때에는 wanna 축약이 허용되지 않는다는 사실이다.

(10) a. Who do you want t to meet Bill?
　　b. *Who do you wanna t meet Bill?

이것은 발음되지 않는 흔적이 발음되는 단어(예를 들면, (8)의 'Mary')와 마찬가지로 문장 속에 존재하며 또한 문법적인 역할까지 맡고 있다는 점을 시사한다.

이상으로 본 절에서는 ①문장에는 계층구조가 있다는 사실, ②'이동'이라는 문법 현상이 존재한다는 사실, ③이동이 발생하면 원래 위치에 흔적이 남는다는 사실에 대해 설명했다. 이와 같은 성질을 갖는 언어표현을 자유자재로 사용하는 우리들의 뇌 속에는 그 출발점(기원)이 되는 언어 지식이 존재한다.

3. 언어 획득

성인의 뇌 속에 존재하는 언어 지식 중에는 선천적으로 갖추어져 있는 것과 생후에(대부분은 무의식 중에) 습득하는 것이 있다. 선천적으로 가지고 태어나는 언어 지식은 누구에게나 갖추어져 있기 때문에 **보편문법**이라 부른다. 앞 절에서 살펴본 계층구조나 이동, 흔적과 같은 개념들은 보편문법의 하나일 가능성이 크다.

언어 획득의 연구는 ①언어 지식 중의 어느 부분이 선천적(생득적)이고, 어느 부분이 후천적인가, ②후천적인 지식은 언제, 어떤 방법으로, 어떻게 습득되는가를 밝히는 것이 그 목적이다. 본 절에서는 '뒤섞기문'과 'wanna 축약'의 획득에 관한 연구를 소개한다.

한국어나 일본어 명사에 붙는 조사 중에서도 '가/이'와 '를/을'을 격조사라 한다. 일상회화에서 일정한 조건이 충족되면 격조사를 생략할(발음하지 않을) 수 있다(아래 예문에서 「Ø」는 격조사가 생략된 부분을 가리킨다).

(11) 太郎が [その本Ø 買った]。
(타로가 [그 책Ø 샀다])

(12) *太郎Ø [その本を 買った]。
(*타로Ø [그 책을 샀다])

(13) *その本Ø 太郎が [t 買った]。
(*그 책Ø 타로가 [t 샀다].)

(14) *その本を 太郎Ø [t 買った]。
(*그 책을 타로Ø [t 샀다])

격조사 생략은 방언에 따라 차이는 있지만, 동경 방언에서는 다음과 같은 일반화가 성립한다(Takezawa 1987).

(15) 명사가 동사에 인접하고, 또한 동사구 안에 위치할 때 그 명사에 붙어있는 격조사를 탈락시킬 수 있다.

예를 들면 (11)의 'その本(を)(그 책(을))'은 동사 '샀다'의 인접한 위치에 있으며, 또한 동사구 안에 있으므로 격조사 'を(를/을)'를 생략할 수 있다. 같은 'その本を(그 책(을))'이라도 (13)은 동사의 인접한 위치에 없으며, 또한 동사구 밖에 있으므로 'を(를/을)'를 생략할 수 없다. 이처럼 격조사를 생략할 수 있는지 없는지는 문장의 계층구조와 이동의 유무(有無)가 깊이 관여한다.

Otsu(1994)는 이 점에 착목해 3살 아동과 4살 아동이 '뒤섞기문'을 정확하게 이해(획득)하고 있는지 아닌지를 다음과 같은 실험으로 확인했다.

실험에 참가한 아동에게 그림을 보여주고(예를 들면, 엄마가 수박을 먹고 있는 그림) 방금 보여준 그림에 관해 설명을 하도록 유도한다. 이때 "우선 '엄마'로 시작되게 그림을 설명해 주겠니?"처럼 어느 단어를 사용해 그림을 설명할지 지시한다. (16)-(21)은 실험에서 아동이 산출(産出)한 발화(發話)의 예이다.

(16) お母さんが スイカを 食べている。
(엄마가 수박을 먹고 있다)

(17) お母さんが スイカØ 食べている。
(엄마가 수박Ø 먹고 있다)

(18) お母さんが 食べている。
(엄마가 먹고 있다)

(19) スイカを お母さんが 食べている。
(수박을 엄마가 먹고 있다)

(20) スイカを 食べている。
(수박을 먹고 있다)

(21) スイカØ 食べている。
(수박Ø 먹고 있다)

놀랍게도 실험에 참가한 아동의 발화에서 격조사가 탈락한 예는 (15)의 조건을 모두 충족시키고 있으며 이 조건을 위반한 발화는 하나도 없었다.

이 사실로부터 Otsu(1994)는 (15)의 규칙(의 배후에 있는 일반적인 문법 원리)과 그 전제가 되는 문장의 계층성이나 이동, 흔적의 개념은 3살밖에 안 된 아동도 이미 획득(습득)하고 있다고 결론지었다.

다음으로 영어 wanna 축약의 획득에 관한 연구를 살펴보도록 하자. Thornton(1990)은 2살에서 5살 사이의 아동을 대상으로 인형을 이용해 상황을 설정하고 (9)와 (10)과 같은 타입의 문장을 아동이 스스로 말하도록 유도했다. 그 결과, 아동은 성인 문법에서 wanna 축약이 허용되는 환경에서는 'wanna'를 사용했지만, 'want'와 'to' 사이에서 WH 이동이 일어날 때에는 wanna 축약을 전혀 적용하지 않는다는 사실을 발견했다. 이것은 '이동(移動)하기 전의 원래 위치에는 이동된 요소의 흔적(t)이 남아 있다'라는 보편문법의 원리가 2살이라는 빠른 시기에 이미 나타난다는 사실을 엿볼 수 있는 연구 결과이다.

4. 언어 사용

문법 연구를 통해서 밝혀진 잠재적인 언어 지식이 실제로 우리가 말을 듣고, 읽고, 이야기하거나 기록(표기)할 때에 어떻게 사용되는지를 탐구하는 연구분야는 언어 사용(또는 언어 운용)이다. 일례로 본 절에서는 언어를 사용할 때 '이동의 흔적'(에 대응하는 표시)이 뇌 속에 존재하는지 아닌지를 검증한 실험을 소개한다.

여러분이 마음속으로 어떤 단어를 연상할 때, 어제 외운 영어 단어보다는 방금 보거나 외운 단어를 더 빨리 떠올릴 수 있을 것이다. 이는 전자보다 후자가 뇌 속에서 더 '활성화(活性化)' 되어 있기 때문이다. 또한, 직전에 한 번만 본 단어보다는 두 번 본 단어가 그 '활성화'의 정도가 크기 때문에 한 번만 본 단어보다 빨리 떠올릴 수 있다. 이것을 프라이밍 효과(priming effect)라 한다.

프라이밍 효과를 이용해 흔적의 심리적 실재성을 확인할 수 있다. 예를 들면 (22)와 같은 문장을 컴퓨터 화면에 제시하고 실험 참가자에게 읽게 한 다음, 다 읽은 직후에 '問題(문제)'라는 단어를 제시한다. 참가자에게는 제시된 단어(여기에서는 '問題(문제)')가 직전에 읽은 문장 속에 있었는지 없었는지를 판단해 'YES(있었다)' 또는 'NO(없었다)' 버튼 중 하나를 누르도록 지시한다. 단어가 제시된 직후부터 YES/NO 버튼을 누를 때까지의 시간(반응시간)을 측정하면 프라이밍 효과의 대소(大小)를 알 수 있다. 같은 방법으로 (23)을 이용해 실험을 했다.

(22) 学校で問題を出した講師が 無口な学生を 見た。
(학교에서 문제를 낸 강사가 무뚝뚝한 학생을 보았다.)

(23) 学校で問題を出した講師を 無口な学生が t 見た。
(학교에서 문제를 낸 강사를 무뚝뚝한 학생이 t 보았다.)

이 두 개의 문장은 격조사인 'が(가/이)'와 'を(를/을)'의 위치가 바뀌어 있을 뿐, 표면적인 단어의 배열은 거의 똑같다. 하지만, (23)은 목적어의 이동을 포함하고 있으므로 '学校で問題を出した講師を(학교에서 문제를 낸 강사를)'을 흔적 (t)의 위치에서 재해석하지 않으면 안 된다. 만약 이동을 포함한 문장을 이해할 때 대뇌에 이동의 흔적(에 대응하는 표시)이 생성된다고 하면, (23)의 경우, '学校で問題を出した講師を(학교에서 문제를 낸 강사를)'을 문장 첫머리에서 읽은 후, 그 흔적의 위치에서 또 한 번 (그 표현을) 무의식 중에 '떠올리게' 된다. 따라서, '問題(문제)'라는 단어는 뇌 속에서 두 번, 즉 문장 첫머리와 흔적(t)의 위치에서 각각 '활성화'된다. 이에 반해, (22)는 이동을 포함하지 않기 때문에 '問題(문제)'라는 단어는 한 번밖에 '활성화'되지 않는다. 결과적으로 (22)보다도 (23)의 프라이밍 효과가 클 것으로 예측된다.

Miyamoto and Takahashi(2002)의 실험에서는 (22)타입의 문장보다도 (23)타입의 반응시간이 통계적으로 유의미한 차이를 보일 만큼 짧았고, 이 결과는 대뇌에 흔적이 존재한다는 사실을 입증하는 것이라 하겠다. 흔적(t)을 통한 프라이밍 효과는 영어뿐만 아니라 다른 언어에서도 확인할 수 있다.

5. 언어의 대뇌 기반

지금까지 언어 지식의 내용, 획득과 사용에 관한 연구사례를 살펴보았다. 본 절에서는 다양한 연구를 통해 밝혀진 언어 특유의 시스템이 대뇌의 어느 부위에서 또 어떻게 실현되는지에 관한 연구를 소개한다. 언어의 대뇌 기반을 연구하는 방법은 크게 두 가지로 나누어진다. 하나는 실어증을 단서로 하는 방법이고, 또 하나는 기계를 이용해 뇌 활동을 직접 측정하는 방법이다. 설명에 들어가기 전에 뇌의 개략적인 구조를 확인해 두도록 하자.

5.1 언어중추

대뇌는 오른쪽 대뇌반구와 왼쪽 대뇌반구로 나누어져 있고, 뇌량(corpus callosum, 腦梁, 뇌들보라고도 함)이라 불리는 신경섬유의 덩어리로 연결되어 있다. 대부분의 경우, 언어를 담당하는 부위(언어중추)는 왼쪽 대뇌반구에 집중되어 있다. 대뇌반구 표면의 피질이라 불리는 부분은 전두엽(Frontal lobes, 前頭葉), 두정엽(Parietal lobes, 頭頂葉), 측두엽(Temporal lobes, 側頭葉), 후두엽(Occipital lobes, 後頭葉)의 4개로 크게 나누어져 있고, 각각 서로 다른 역할을 맡고 있다. [그림 1-1]은 왼쪽 대내 반구의 표면을 옆에서 본 모식도로 언어중추와 관련되는 주된 부위가 표시되어있다. 궁상속(arcuate fasciculus, 弓狀束, 궁상얼기라고도 하며 활 모양의 섬유 디발을 가리킴)

은 뇌의 안쪽에 위치해 있고 밖에서는 보이지 않지만, 이해를 돕기 위해 편의상 눈으로 확인할 수 있는 것처럼 표기했다. 궁상속은 브로카 영역(Broca's area)과 베르니케 영역(Wernicke's area)을 연결하는 큰 경로이다.

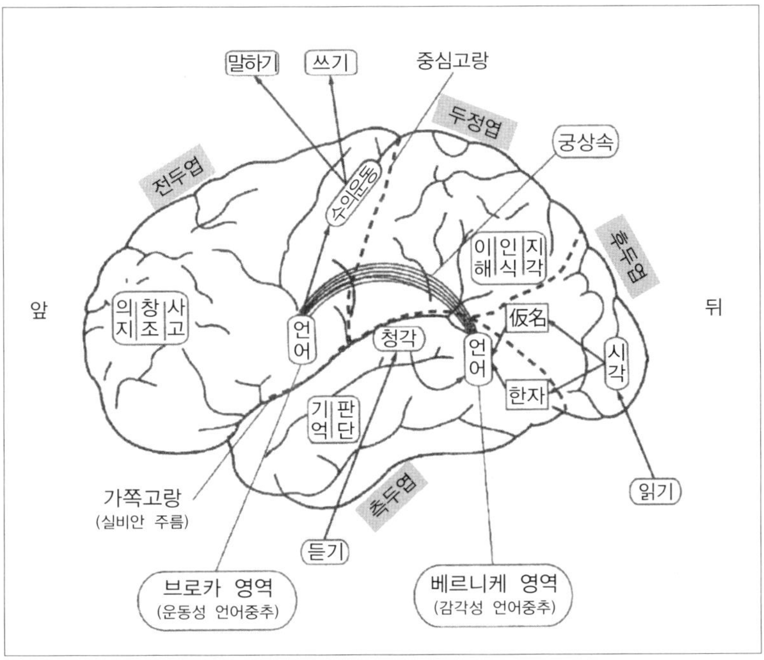

[그림 1-1] 왼쪽 대뇌반구에 국재(局在)하는 언어중추
(仮名: 일본어 히라가나와 가타카나)

5.2 실어증

뇌졸중이나 교통사고로 뇌의 언어중추를 다치면 말하기, 쓰기, 이해하기와 같은 언어 사용에 큰 지장을 초래한다. 이와 같은 증상을 일반적으로 실어증(失語症)이라 하며, 손상 부위에 따라 그 증상도 아주 다양하다. 예를 들면, 왼쪽 대내 반구의 측두엽 위쪽 뒤에 있는 **베르니케 영역**(Wernicke's area)과 그 주변에 손상을 입으면 상대방의 이야기를 제대로 이해할 수 없게 된다. 얼핏 유창하게 말을 하는 것처럼 보이지만 자세히 들어보면 이야기의 앞뒤가 맞지 않는 횡설수설한 표현이 대부분으로 이러한 실어증을 **베르니케 실어증**(Wernicke's aphasia)이라 한다. 또한, 왼쪽 대뇌반구의 전두엽 아래쪽 뒤에 위치하는 **브로카 영역**(Broca's area)이라 불리는 부분과 그 주변에 손상을 입을 경우, 자신의 생각을(언어를 사용해) 상대방에게 제대로 전달할 수 없게 된다. '가/이'나 '를/을'과 같은 격조사가 탈락하거나 정도가 심할 때는 '타, 타'처럼 똑같은 말만 몇 번이고 되풀이하게 된다. 이러한 타입의 실어증을 **브로카 실어증**(Broca's aphasia)이라 한다. 브로카 실어증 중에서도 특히 문법을 이해하는 데 어려움을 겪는 타입을 **실문법 실어증**(agrammatic aphasia, 失文法失語, 비문법성 실어증이라고도 함)이라 한다. 실문법 실어증을 앓게 되면 말을 하는 것뿐만 아니라, 상대방의 이야기를 이해하는 데에도 큰 어려움을 느끼게 된다. 예를 들면, 실문법 실어증 환자에게 '다로(太郎)가 하나코(花子)를 밀치는 그림'과 '하나코(花子)를 다로(太郎)가 밀치는 그림'을 보여주고 (24)나 (25)를 들려준 다음에 내용과 일치하는 그림을 선택하게 하면 기본 어순인 (24)에 대한 정답률은 높지만, 이동을 포함하고 있는 (25)는 반 이상이 잘못된 그림을 골랐다는 연구 보고가 있다(Hagiwara and Caplan 1990).

(24) 太郎が 花子を 押した。
(다로가 하나코를 밀었다)

(25) 花子を 太郎が t 押した。
(하나코를 다로가 t 밀었다)

영어를 비롯한 다른 언어에서도 위와 같은 실험결과 보고를 찾아볼 수 있다. 그렇다면 실문법 실어증을 앓게 되면 왜 이동(移動)을 내포한 문장을 제대로 해석할 수 없게 될까? Grodzinsky(1984)는 실문법 실어증을 앓게 되면 대뇌에서 언어를 처리할 때, '이동의 흔적'을 사용할 수 없게(삭제) 되기 때문이라고 설명하고 있다. (25)를 올바르게 해석하기 위해서는 문장 첫머리의 '花子を(하나코를)'을 목적어 위치에 있는 흔적(t)과 관련 지워, 동사의 목적어로 해석해야만 한다. Grodzinsky의 흔적 삭제 가설(TDH, Trace Deletion Hypothesis)에 따르면, 실문법 실어증 환자는 뇌 속에 흔적이 존재하지 않기 때문에 '花子を(하나코를)'을 목적어 위치와 관련지우는 데 실패하게 되고, 결국에는 문법을 토대로 한 의미해석을 할 수 없게 된다. 그 때문에 '문두(文頭)의 명사는 동작을 실행하는 사람'이라는(언제나 올바른 해석이라고는 볼 수 없는) 문법 이외의 방법을 사용해 의미를 추측하려고 하지만 문장의 다른 부분의 의미와 모순이 발생하고 만

다. 그 결과, 정확하게 내용을 이해하지 못한 채 그림을 선택하게 되고, 그 정답 비율(즉, 우연히 정답인 그림을 선택할 확률)은 약 1/2에 그친다. 이러한 분석이 옳다면 실문법 실어증 환자는 언어를 이해할 때, 뇌 속에 흔적을 만들 수 없기 때문에 제4절(언어 사용)에서 살펴본 '흔적에 의한 프라이밍 효과'도 나타나지 않을 것으로 예측된다. 실제로 똑같은 실어증이라도 베르니케 실어증 환자에게서는 흔적에 따른 프라이밍 효과가 관찰되지만, 실문법 실어증 환자는 그와 같은 효과를 보이지 않는다는 실험 보고도 찾아볼 수 있다(Zurif et al 1993).

5.3 뇌 기능 화상법

실어증에 관한 연구가 활성화되면 언어를 지배하는 뇌의 구조가 조금씩 밝혀지겠지만, 종래의 연구 방법에는 한계가 있었다. 실어증은 병이나 사고로 인해 입은 뇌 손상이 그 주된 원인이지만, 연구 목적에 부합한 뇌 부위를 다친 환자를 찾는 일은 거의 불가능하기 때문이다. 또한, 뇌의 어느 부분이 어느 정도 손상되었는지를 관찰하는 방법도 환자의 사후(死後)에 이루어지는 부검이 유일했다. 또한, 실어증 환자나 건강한 사람이 언어를 사용하거나 이해할 때 머릿속에서 어떤 일이 벌어지고 있는지를 실시간으로 살펴보는 것은 상상조차 할 수 없는 일이었다.

최근에는 과학기술의 발달로 이러한 결함을 보완해 주는 장치가 급속히 개발되었다. 뇌세포가 활발하게 활동을 시작하면, 그 부위에 혈액이 많이 모이게 된다. 따라서, 혈류량의 변화를 측정함으로써 뇌의 활동을 녹화방송이 아닌 생방송으로 볼 수 있게 되었다. 이러한 원리를 응용한 뇌 활동 측정 장치에는 **기능적 자기 공명 영상법(fMRI), 광 토포그래피(Optical Topography)** 등이 있다. 종래의 실어증 연구에서 브로카 영역이 문법처리와 관련성이 있을 가능성이 시사되었고, 현재 기능적 MRI와 광 토포그래피를 이용해 그 검증이 활발히 이루어지고 있다. 한가지 예를 들면, 사카이 구니요시(酒井邦嘉) 연구팀은 (26)과 같은 문법적이며 의미상으로도 타당한 문과 (27)처럼 문법적으로 잘못된 문장(여기서는 격조사가 잘못됨), 그리고 (28)처럼 의미적으로 일탈되어 있는 문장을 건강한 성인에게 묵독하도록 지시한 후, 그때의 뇌 활동을 광(光) 토포그래피 장치를 이용해 측정, 분석했다(Noguchi, Takeuchi, and Sakai(2002)).

(26) ゆきを さわる。
(눈을 만지다) (통사판단과제)

(27) ゆきを つもる。
(눈을 쌓이다) (통사판단과제)

(28) ゆきを しかる。
(눈을 야단치다) (의미판단과제)

그 결과, 실험 참가자가 문법처리에 주목할 때에만 브로카 영역이 특히 활발하게 활동한다는 사실을 발견했다([그림 1-2]). 종래의 실어증 연구에서 얻은 지견(知見)을 지지하는 연구 결과이다.

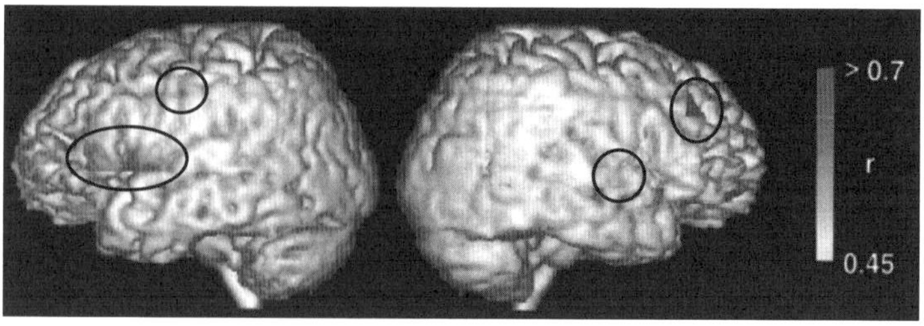

[그림 1-2] 문법처리(통사판단과제)와 관련하는 뇌 영역
(Noguchi, Takeuchi, and Sakai(2002))

기능적 MRI나 광 토포그래피와는 전혀 다른 원리를 이용한 뇌 활동 측정 장치에는 뇌파 측정법(EEG, electroencephalogram, 뇌전도 측정법이라고도 함)과 자기 뇌도 측정법(MEG, magnetoencephalography, 뇌자도 측정법이라고도 함)이 있다. 뇌세포가 활동하면 내부에 미량의 전류가 발생한다. 이것을 측정하는 장치가 EEG이다. 비문법적인 문장이나 의미상으로 일탈한 문장 등, 문장의 형태에 따라 서로 다른 성분의 뇌파가 생성된다는 사실은 이미 잘 알려져 있다. 전류가 흐르면 그 주위에 자기장이 발생한다. 그 미세한 자장을 측정하는 장치가 MEG이다. 뇌의 활동 부위나 활동 타이밍을 연구하는 데 주로 사용된다. Mazuka et al(2002)는 일본어의 기본 어순 문장과 뒤섞기 문장을 묵독할 때에 발생하는 뇌파를 측정, 분석했다. 그 결과, 뒤섞기 어순 문장을 묵독할 때에만 문법적으로 일탈한 문장을 이해할 때와 아주 비슷한 성분의 뇌파가 검출되었다고 보고했다.

기능적 MRI와 같은 뇌 기능 화상법을 이용한 언어 연구는 아직 그 역사가 짧지만 앞으로 획기적인 성과가 기대되는 분야이다. 특히, 언어이론에 입각한 연역적 접근이 유망하다. 그 때문에 이론 언어학이나 심리학, 생리학 등 서로 다른 분야의 전문가가 협력해 학술적으로 또한 융합적인 연구를 추진할 필요가 있겠다.

6. 모두의 행복을 위해...

언어 인지 뇌과학은 ①인간의 언어를 지배하는 뇌 구조의 연구를 통해, ②인간의 인지능력(=마음)의 수수께끼를 풀고, ③인류의 행복에 공헌하려는 시도이다. 본 장에서는 그중에서도 주로 ①의 측면에 대해 소개했다. ②에 대해서는 상세하게 언급하지 않았지만, 마지막으로 ③과 관련된 언어 인지 뇌과학의 연구성과가 사회에서 어떻게 실천되고 있는지에 대해 간단하게 설명하도록 하자.

【언어장애】 실어증이나 언어발달 지연과 같은 커뮤니케이션 능력의 장애로 고통받고 있는 사람들은 매년 늘어가고 있다. 의사나 언어청각사(SLHT, speech-language-hearing therapist)가 이들을 치료하거나 훈련할 때, 언어를 지배하는 뇌 구조에 관한 지식은 필수적이다. 또한, 언어장애인의 생활의 질을 높이기 위해서는 가족이나 지역주민, 그리고 직장 동료들의 언어와 언어장애에 대한 올바른 이해가 반드시 필요하다.

【외국어교육】 모국어와 외국어를 사용하는 뇌 활동이 다르다는 연구 결과가 최근에 발표되었다. 언어 인지 뇌과학의 연구성과를 토대로 더욱 효과적인 외국어 교수법이나 학습법 개발이 진행 중에 있다.

【복지로봇】 아톰처럼 인간의 언어를 모두 이해할 수 있는 로봇을 만드는 것은 아직 꿈만 같은 이야기이다. 하지만, 마치 언어를 이해하고 있는 것처럼 행동하는 기계는 일부분이기는 하지만 실현단계에 있으며, 인간의 지시에 따라서 인간을 위해 일하는 복지 로봇의 개발 등에 응용되고 있다.

이처럼 언어 인지 뇌과학의 연구성과는 사회의 다양한 곳에서 활용되고 있다. 이것은 앞으로의 사회가 언어 인지 뇌과학을 배운 인재를 필요로 한다는 것을 의미하기도 한다. 이 책을 손에 든 독자도 언어 인지 뇌과학의 세계에 뛰어들어 '인류의 행복'에 공헌해 보는 것은 어떨까?

제2장

언어산출과 언어이해

1. 언어산출과 언어이해의 기능적 의의

수지가 따뜻한 봄날에 산책을 하다가 노란색 예쁜 꽃을 바라보며 같이 산책을 하던 아들 우진이에게 "개나리꽃이야!"라고 이야기해 주는 장면을 떠올려 보자. 우선 개나리꽃이라는 시각적인 자극을 받은 수지의 뇌에서는 개나리꽃이라는 개념이 활성화된다. 그다음에 개나리꽃이라는 사실을 우진이에게 전달하고 싶은 욕구가 생겨나고 그 욕구를 달성하기 위해 언어를 사용해 전달하려는 의도가 움튼다. 그 후, 뇌에서는 눈으로 직접 확인할 수는 없지만, 모종(某種)의 활동을 거쳐 운동 표상(運動表象)이 만들어진다. 곧바로 입이나 목(조음기관)으로 운동지령이 전달되고 근육이 움직이고 입에서는 공기의 진동이 발생한다. 공기의 진동은 우진이의 귀에서 전기신호로 바뀐 다음에 뇌로 전달되고 감각 표상(感覺表象)이 만들어진다. 그리고 모종의 활동이 일어나 (수지의 의도대로 모든 일이 진행되면) 우진의 뇌에 개나리꽃의 개념이 활성화됨과 동시에 개나리꽃의 존재를 엄마가 자신에게 알리려고 했다는 추측이 발생한다. 이처럼 수지와 우진이 사이에서 일어난 일들은 언어를 통한 커뮤니케이션의 일례이다([그림 2-1]). 그중에서 수지가 했던 부분은 넓은 의미에서의 언어산출(language production)이고, 우진이가 했던 부분은 넓은 의미에서의 언어이해(language comprehension)이다.

본 장에서는 언어산출과 언어이해의 대뇌 처리 메커니즘과 그 생물학적 기반인 신경 네트워크에 대해서 개관한다. 우선 본 절에서는 언어사용의 기능적 의의에 관해 확인한다.

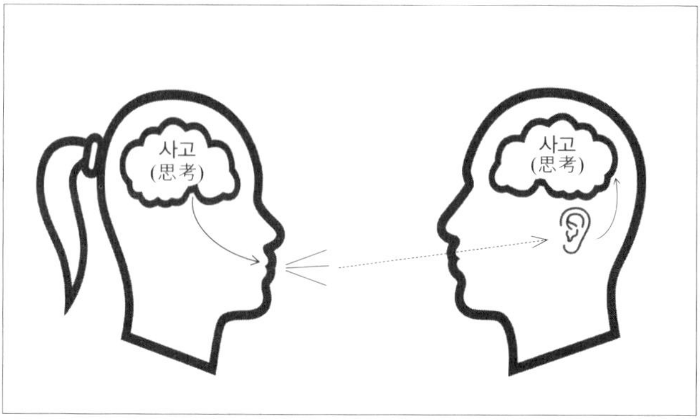

[그림 2-1] 언어 커뮤니케이션

【언어는 어디에 존재하는가?】 언어산출 과정에서 운동 표상에 의한 운동지령의 전달과 그에 후속하는 조음기관의 움직임(조음 또는 구음, articulation)은 '운동'일뿐이지 언어가 아니다. 그리고 수지가 개나리꽃의 존재를 우진이에게 손가락으로 가리키는 행위도 언어산출이 아님을 알 수 있듯이, 개념이나 욕구, 의도 등을 산출하는 과정(편의상 이를 통틀어 사고(思考)라 부른다)도 언어는 아니다. 그렇다면, '언어'는 대체 어디에 존재할까? 언어산출을 '언어'산출답게 만드는 가장 중요한 부분은 사고와 운동의 중간에 위치한다. 그 부분을 좁은 의미의 **언어산출** 또는 **언어산출 처리**라고 한다([그림 2-2]). 마찬가지로 언어이해 과정에서 공기의 진동으로 유발되는 음의 지각(perception)과 최종적인 결과물인 사고도 언어가 아니며, 언어이해를 '언어'답게 만드는 부분은 지각과 사고의 중간에 위치한다. 그 부분을 좁은 의미의 **언어이해** 또는 **언어이해 처리**라고 한다([그림 2-3]).

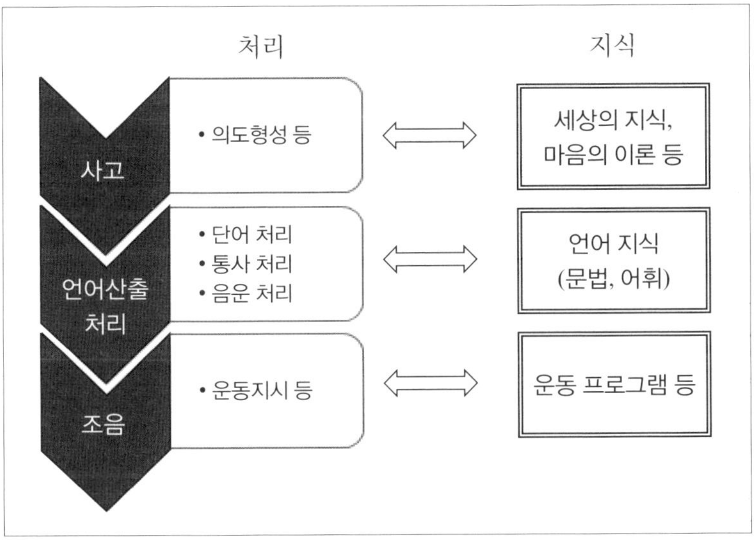

[그림 2-2] 언어산출 과정의 모식도

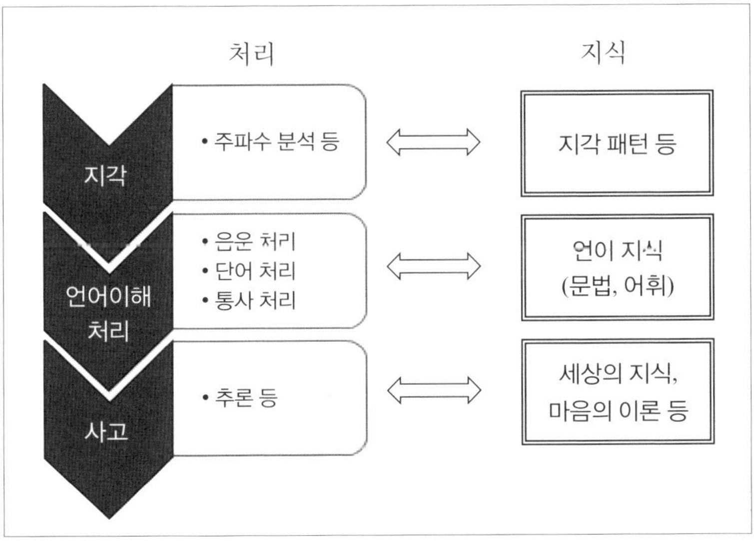

[그림 2-3] 언어이해 과정의 모식도

【지식과 처리】 좁은 의미의 언어산출 과정에서는 한국어나 일본어, 영어와 같은 개별언어의 어휘와 문법의 지식체계(=언어 지식)가 참조된다. 위에서 살펴본 예에서는 수지가 한국어의 언어 지식을 참조했기 때문에 "개나리꽃이야!"라는 문장이 발생했다. 만약 수지가 일본어 지식을 참조했다면 한국어와는 다른 표현이 산출되었을 것이다. 이처럼 좁은 의미에서의 언어산출은 대뇌에 존재하는 언어 지식을 참조하면서 사고의 출력을 운동 표상(運動表象)으로 변환해 가는 과정이라 하겠다. 마찬가지로 좁은 의미의 언어이해 과정에서는 어휘나 문법 지식을 참조해 가면서 감각 표상(感覺表象)을 사고에 입력해 변환시켜가는 과정을 거친다.

현대 언어학에서는 언어사용자 한 사람 한 사람의 대뇌에 존재하는 언어 지식과 언어 지식의 획득, 그리고 언어 지식의 사용을 가능하게 만드는 인간의 생물학적 자질을 언어의 본질로 간주하고 양자를 모두 연구대상으로 하고 있다.

넓은 의미의 언어산출 과정에서 대뇌의 지식이 참조(參照)되는 것은 좁은 의미의 언어산출 과정에만 국한되지 않는다. 사고의 과정에서는 세상에 관한 지식과 상황에 관한 지식, 청자의 심적 상태에 관한 지식(마음의 이론) 등을 참조하면서 무엇을, 어떻게 전달해야 할지가 결정된다. 또, 자주 사용되는 음성의 조합을 발성하기 위한 운동지령은 운동 프로그램의 형태로 대뇌에 저장되어 있으며, 그것은 조음 과정에서 이용된다. 이처럼 넓은 의미의 언어산출 과정의 각 단계에서는 필요에 따라 다양한 지식이 동원된다.

마찬가지로 넓은 의미의 언어이해 과정에서도 각 단계에서 다양한 종류의 지식이 이용된다. 자주 사용되는 음성의 지각 패턴은 대뇌에 저장되어 있고 지각 과정에서 참조된다. 그리고, 사고의 과정에서는 세상, 상황, 화자에 관한 지식 등을 구사하면서 화자의 전달 의도를 파악하기 위한 추론이 행해진다.

【언어 지식과 커뮤니케이션】 앞의 예에서는 수지가 화자(話者)이고 우진이가 청자(聽者)였지만, 다음 순간 우진이가 "우와! 예뻐요"라고 반응을 하게 되면 이번에는 수지가 청자가 된다. 동일 인물이 언어를 산출할 때 참조하는 지식과 언어를 이해할 때 참조하는 지식에는 공통점이 아주 많다. 특히, 좁은 의미의 언어산출시에 참조하는 언어 지식과 언어이해 과정에서 참조하는 언어 지식은 기본적으로 동일하다. 왜냐하면, 자신은 '개나리꽃'이라고 부르지만 다른 사람이 '개나리꽃'을 '개나리꽃'이 아니라 '진달래꽃'이라고 해야만 '개나리꽃'이라 인지하는 사람은 세상 어디에도 존재하지 않기 때문이다. 또 자신이 이야기할 때는 '주어<목적어<동사(SOV)'의 어순으로 말하지만 다른 사람의 이야기를 들을 때는 '동사<주어<목적어(VSO)'의 어순으로 말해주지 않으면 비문법적(非文法的)이라고 느끼는 사람 또한 존재하지 않기 때문이다.

두 사람이 완전히 동일한 언어 지식을 갖는 것은 불가능하지만 상당한 부분 비슷한 언어 지식을 공유한다면 언어를 통한 커뮤니케이션은 성립한다. 화자와 청자가 갖는 언어 지식의 차이가 커지면 커질수록 이해가 어려워지고, 그 차이가 점점 더 벌어지면 언어를 통한 커뮤니케이션은 성립하지 않는다.

【하위처리 단계와 축차(逐次)처리】 좁은 의미의 언어산출과 언어이해에는 어떤 하위처리 단계가 존재하고 또 대뇌에서 어떻게 물리적으로 실현되는지는 제3장(언어산출과 이해에 관한 심리언어학적 선행 연구)에서 살펴보기로 하고 여기에서는 [그림 2-2], [그림 2-3]과 같은 하위처리 단계가 존재한다고 가정하자. 언어산출에서는 사고(思考)의 결과를 토대로 그것을 언어로 표현하는 데 필요한 단어를 먼저 선택한다. 그다음으로 단어를 조합해 더 큰 단위(구나 문장)를 만드는 통사처리가 행해지고, 발음을 결정하기 위한 음운처리가 이루어진다. 언어이해에서는 지각의 출력인 감각 표상을 토대로 음운처리가 행해지고 그에 준거해 어떤 단어가 사용되고 있는지가 결정되고 통사구조가 구축된다.

지금까지의 연구를 바탕으로 일반적인 문장산출에는 문장 전체의 단어 선택이 끝난 다음에 통사처리가 시작되는 것이 아니라, 단어가 선택되면 곧바로 통사처리로 보내지고, 통사처리가 완료되면 또 곧바로 음운처리로 정보가 보내진다는 즉, 작은 단위로 조금씩 조금씩 처리가 진행된다는 사실이 잘 알려져 있다. 이러한 처리를 **축차처리**(逐次處理) 혹은 **점진적처리**(漸進的處理)라고 한다. 통상적인 언어이해 과정에서도 마찬가지로 축차적/점진적처리(incremental processing)가 이루어진다는 사실은 이미 잘 알려져 있다.

【음성과 문자와 수화】 음성으로 언어를 전달할 경우, 산출의 최종단계는 조음이고, 이해의 첫 단계는 음성 지각(청각)이다. 이에 비해, 문자로 인어를 전달할 때는 산출의 최종단계는 손과 손가락의

운동이고, 이해의 첫 단계는 문자지각(시각)이다. 이처럼 언어전달의 모달리티(청각, 시각 등)에 따라 언어산출과 언어이해의 입출력에 가까운 부분의 처리는 바뀌지만 사고나 언어산출 처리/언어이해 처리는 모달리티에 상관없이 기본적으로 공통적이다. 또한, 수화는 전적으로 시각에 의해 전달되는 자연언어이지만, 수화의 산출과 이해도 입출력에 가까운 부분을 제외하면 음성언어와 거의 같은 메커니즘으로 처리된다.

2. 자연언어의 지식과 구조

한국어와 일본어는 어순이 비교적 자유롭기 때문에 (1)처럼 같은 사건을 여러가지 어순으로 표현할 수 있다.

(1) a. 007が敵の基地に偵察に行った。
(007이 적의 기지로 정찰하러 갔다)
b. 敵の基地に007が偵察に行った。
(적의 기지로 007이 정찰하러 갔다)
c. 007が偵察に敵の基地に行った。
(007이 정찰하러 적의 기지로 갔다)

이 문장의 '기지'에 붙어있는 조사 'に(로)'를 모두 'を(를)'로 바꾸면 (2)와 같이 된다. 여기에서 (1)과 (2)의 6개 문장을 읽고 비교해 보기 바란다.

(2) a. 007が敵の基地を偵察に行った。
(007이 적의 기지를 정찰하러 갔다)
b. 敵の基地を007が偵察に行った。
(적의 기지를 007이 정찰하러 갔다)
c. 007が偵察に敵の基地を行った。
(007이 정찰하러 적의 기지를 갔다)

이 6개 문장 중에서 (2c)만이 부적절한 느낌이 들 것이다. 그렇다면 왜 그렇게 느껴질까? 그것은 우리 머릿속에 (2c)가 부적절하다고 판단하는 근거가 되는 어떤 '정보'가 존재하고 그 정보를 이용할 수 있었기 때문이다. 그 정보야말로 우리의 대뇌에 존재하는 언어 지식의 일부인 것이다. 다만 유감스럽게도 언어 지식의 대부분은 '잠재의식'으로 자신이 스스로 그 내용을 자각할 수 없다. 언어 지식의 내용을 해명하는 것은 언어 인지 뇌과학에 있어서 아주 중요한 연구과제 중의 하나이다.

본 절에서는 제3장(언어산출과 이해에 관한 심리언어학적 선행 연구)의 내용을 이해하는 데 필요한 최소한의 예비지식에 대해 개관한다.

참고로 본 장에서 살펴 볼 대상은 한국어나 일본어처럼 자연발생적으로 인간 사회에서 사용되는 소위 **자연언어**(natural languages)이다. 컴퓨터의 프로그래밍 언어와 같은 인공언어나 동물의 커뮤니케이션 수단은 대상이 아니라는 점에 유의하기 바란다.

【문법지식】 지구상에 존재하는 언어에는 100가지 이상의 음성이 사용되지만, 사람들이 안정적으로 알아들을 수 있는 음성은 고작 수십 가지에 불과하다. 그 때문에, 개별 언어에서 문법상 구별되는 음성, 즉 음소(phoneme)의 종류도 수십 개 정도이다. 예를 들면, 일본어 표준어에는 22개의 음소(/a/, /i/, /u/, /e/, /o/, /k/, /s/, /t/, 등)가 있다. 언어 지식 내에서 음소의 종류나 음소의 조합 방법 등을 규정하고 있는 지식을 **음운 지식**(音韻知識)이라고 한다.

개개의 언어에서 의미가 있는 최소의 단위를 **형태소**(morpheme)라고 한다. 예를 들어, 일본어 「花(はな)」는 '꽃'을 의미하지만 이것을 더 작게 나눈 「は」와 「な」는 의미를 갖지 않는다. 따라서 「花」는 일본어의 형태소이다. 단어에는 「花」처럼 하나의 형태소로 이루어진 것도 있지만 「花見(꽃놀이, 주로 벚꽃)」나 「花見酒(벚꽃놀이를 하면서 마시는 술)」처럼 복수의 형태소로 구성된 것도 있다. 언어 지식 중에 해당 언어의 형태소가 충족시켜야만 할 조건이나 단어를 만들기 위한 형태소의 조합 방법을 규정하고 있는 지식을 **형태 지식**(形態知識)이라고 한다.

형태소나 단어를 조합해 더 큰 단위의 구('옥상 전망대')나 문('옥상 전망대에서는 사방으로 펼쳐진 코펜하겐의 오래된 시내 정경을 내려다볼 수 있다')을 만들 수 있다. 구나 문은 형태소나 단어가 일렬로 나열된 것이 아니라 형태소와 단어 간의 결합에는 강약의 차이가 있어 계층적인 통사구조를 갖는다. 예를 들면 (1a)는 대략 [그림 2-4]와 같은 구조를 갖는다. 구나 문을 만들 때 형태소나 단어의 배열방법 등을 규정하는 언어 지식을 **통사 지식**(統辭知識)이라고 한다.

언어 지식 중에 형태소나 단어, 구, 문 등의 의미에 관한 지식은 **의미 지식**(意味知識)이다.

음운 지식, 형태 지식, 통사 지식, 의미 지식을 통틀어 **문법**(grammar)이라고 부른다. 이 중에 특히 형태 지식과 통사 지식만을 문법이라고 하는 경우도 있다. 반대로 이 네 가지 지식뿐만 아니라, 문보다 더 큰 단위인 문장이나 담화를 구성할 때 작용하는 담화법이나 화용론의 지식 등을 포함해 더 넓은 의미로 문법이라는 용어가 사용되는 경우도 있다.

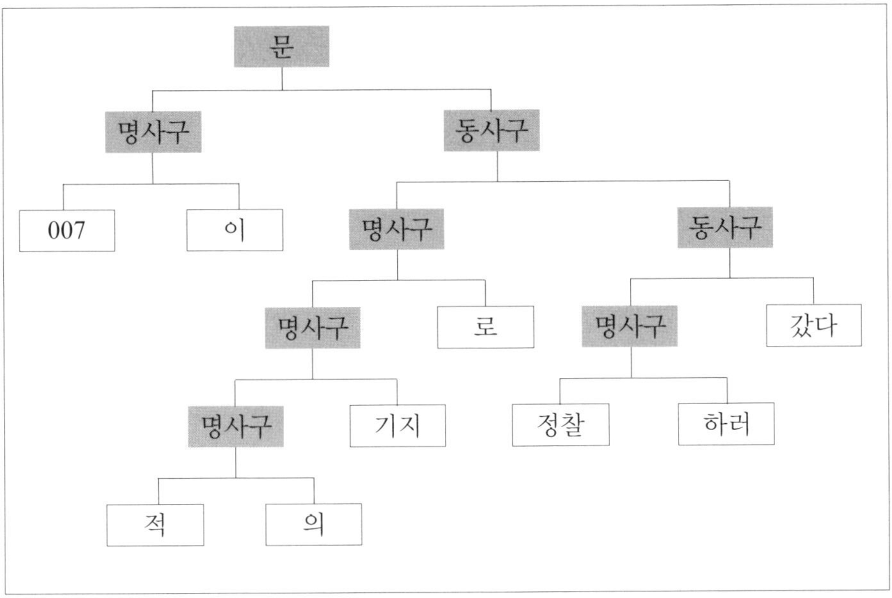

[그림 2-4] 문의 통사구조
(명사구=명사를 중심으로 하는 단어의 집합, 동사구=동사를 중심으로 하는 단어의 집합)

【심내사전】 한국어나 일본어, 영어와 같은 개별 언어에는 약 수십 만 개의 단어가 존재하며, 한 사람 한 사람의 화자는 평균 수만 단어 정도의 지식을 가지고 있는 것으로 추정된다. 개개인의 뇌 속에 축적된 어휘 항목(형태소나 단어, 이디엄 등) 정보의 총체를 **심내사전**(mental lexicon)이라고 한다. 심내사전에는 각 어휘 항목에 대해 적어도 의미, 통사, 형태/음운이라는 세 종류의 정보가 포함된다.

심내사전의 대표적인 모델 중 하나인 Levelt의 모델은 이들 세 종류의 정보가 삼층 구조의 네트워크를 구성하고 있다([그림 2-5]). 개념층(conceptual stratum)에는 의미 정보, 렘마층(lemma stratum)에는 통사 정보, 형식층(form stratum)에는 형태/음운정보가 축적되어 있다. 언어를 산출할 때에는 개념을 단서로 단어가 선택되고 통사 정보나 형태/음운 정보가 추출된다. 반대로 언어를 이해할 때에는 형태/음운 정보를 토대로 단어의 검색/동정이 이루어지고 통사 정보나 의미 정보가 추출된다.

Levelt의 모델에서 개념 정보와 의미 정보는 중간에 통사 정보가 개입한 형태로 관련 지워져 있을 뿐 직접적인 연관성은 없다. 하지만, 이들 세 종류 모두가 서로 직접적인 연관성을 갖는다고 주장하는 모델도 있다(Caramazza 1997).

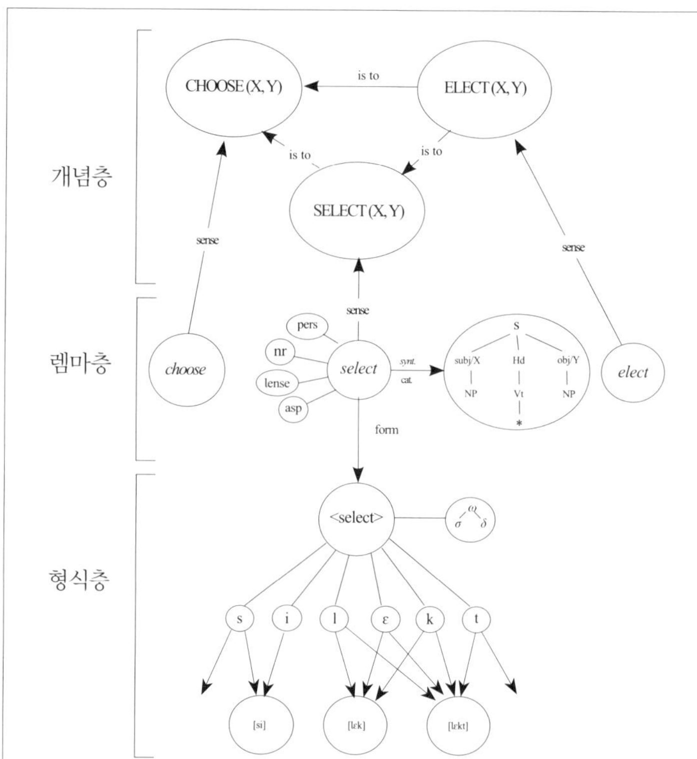

[그림 2-5] 심내사전 모델 (Levelt 1999)

【언어사용의 창조성】 인간이 사용하는 언어에는 의미를 갖지 않는 분절 단위인 음소가 모여(하나 또는 그 이상) 의미를 갖는 최소 단위인 형태소가 되고, 또 형태소가 모여 더 복잡한 의미를 가지는 문(文)을 구성한다. 반대로 말하자면, 문은 형태소로 나눌(분절할) 수 있고 다시 음소로 나눌 수 있다. 이와 같은 언어의 성질을 **이중분절성**이라고 한다.

교동신호등에는 가장 기본직인 세 종류(빨강, 피랑, 노랑)의 형식이 있고, 그 하나하나에 직접 의미가 부여되어 있다(예를 들어 '빨강'은 '멈춤'). 만약 인간이 사용하는 언어가 교통신호등과 마찬가지로 가장 기본적인 형식인 음소에 직접 의미를 부여하는 구조로 형성되어 있다고 가정한다면, 예를 들어 일본어는 형식상으로 22종류의 의미밖에 구별할 수 없게 된다. 실제로 인간이 사용하는 언어는 음소가 아닌 '음소의 조합'에 의미를 부여함으로써, 각기 의미가 다른 수많은 형태소를 외형상으로 구별할 수 있는 구조로 되어 있다.

형태소의 음과 의미의 대응 관계에 논리적인 필연성은 없다. 예를 들어, 일본어에서 'いぬ(개)'라 불리는 작은 동물을 'いぬ(개)'라고 부르지 않으면 안 되는 필연성은 없으며 단지 사회적인 약속에 불과하다. 이러한 성질을 언어기호의 **자의성**(arbitrariness)이라고 한다. 자의성 덕분에 필요에 따라 새로운 형태소나 단어를 자유롭게 만들 수 있는 것이다.

개개인의 뇌 속에 축적되어 있는 형태소나 문법 지식에는 한계가 있지만, 문법을 토대로 해서 형태소를 조합해 간다면 무한하게 많은 문을 만들 수 있다.

이처럼 인간의 언어는 이중분절성이라는 성질을 가짐으로써 뛰어난 표현력을 얻었다. 덕분에 인간은 처음 접하는 문(文)이라도 금방 이해할 수 있고, 들어보거나 말해 본 적도 없는 문을 필요에 따라서 또한 자유의사에 근거해 창출할 수 있다. 나아가 인간의 언어는 눈앞의 현실 뿐만아니라, 과거에 일어났던 일들, 미래에 일어날 일들, 그리고 존재하지 않는 현상이나 가정(상상)에 불과한 일도 표현할 수 있다. 이러한 성질을 총칭해 **언어사용의 창조성**이라고 한다.

제3장

언어산출과 이해에 관한 심리언어학적 선행 연구

1. 언어 인지 뇌과학

언어(language)를 자유롭게 구사할 수 있는 능력은 인간에게 갖추어진 다양한 인지(認知) 능력의 일부분이다. 인지 능력의 총체를 마음(mind)이라고 부른다면 언어는 틀림없이 마음의 일부이다. Marr(1979)의 말을 인용할 필요도 없이 마음과 같은 복잡한 체계는 추상도(抽象度)가 다른 다양한 연구 결과를 통합적으로 고찰하지 않으면, 그 전체적인 모습을 밝혀낼 수 없다. 마음의 계산내용, 계산과정 그리고 그 물리적 구현화에 관한 다양한 관점에서 관찰된 연구의 지견(知見)을 유기적으로 관련 지워, 뇌가 마음을 창출해 내는 구조를 해명하고자 하는 연구 분야를 인지 뇌과학(cognitive neuroscience)이라고 한다. 본 장에서는 인지 뇌과학의 관점에서 언어의 계산과정, 즉 언어산출(language production)과 언어이해(language comprehension)의 처리 과정에 대해서 특히, 통사적인 측면에 초점을 맞추어 고찰한다.

2. 언어는 마음을 뛰어넘을 수 없다?

'言葉は心を越えない. とてもつたえたがるけど心に勝てない.' 이 가사는 일본 남성 듀엣 CHAGE and ASKA가 1991년 7월에 발표한 "SAY YES"의 일부분이다. 사랑하는 사람에게 자신의 마음을 전하고 싶지만, 지금의 마음을 어떤 말로도 충분히 표현할 수 없는 애절한 내용을 담고 있다. 이처럼 인간이 생각하거나 느낀 것을(불충분하지만) 말로 표현하는 과정을 언어산출(language production)이라고 한다. 언어산출에 관한 연구는 19세기 이후 실어증(失語症) 환자의 발화(發話) 연구, 또 20세기 중반부터 시작된 말실수에 관한 연구(e.g. Fromkin 1971, Garrett 1975, Dell 1986) 등 오랫동안 '일탈된(비정상적인)' 발화 연구를 토대로 이루어져 왔다. 건강한 사람의 '정상적인' 발화 산출과정에 관한 연구가 활성화 된 것은 1980년대 이후로 이 시기에 여러 가지 새로운 실험방법이 개발된 것과 Levelt의 선구적인 저서(Levelt 1989)가 출판된 것이 그 계기가 되었다.

2.1 마음의 소리가 입을 통해 전달되기까지의 과정

본 절에서는 대표적인 언어산출 모델 중의 하나인 Levelt(Levelt 1989, Levelt 1999, Indefrey and Levelt 2004, Indefrey 2007)의 모델([그림 3-1])을 토대로 언어산출에는 어떠한 처리 과정이 포함되는지를 개관한다. 이는 모델 내에서 상정하고 있는 처리 과정과 신경 기반과의 상응 관계가 가장 잘 연구된 모델로서 많은 연구에 인용, 참조되고 있다.

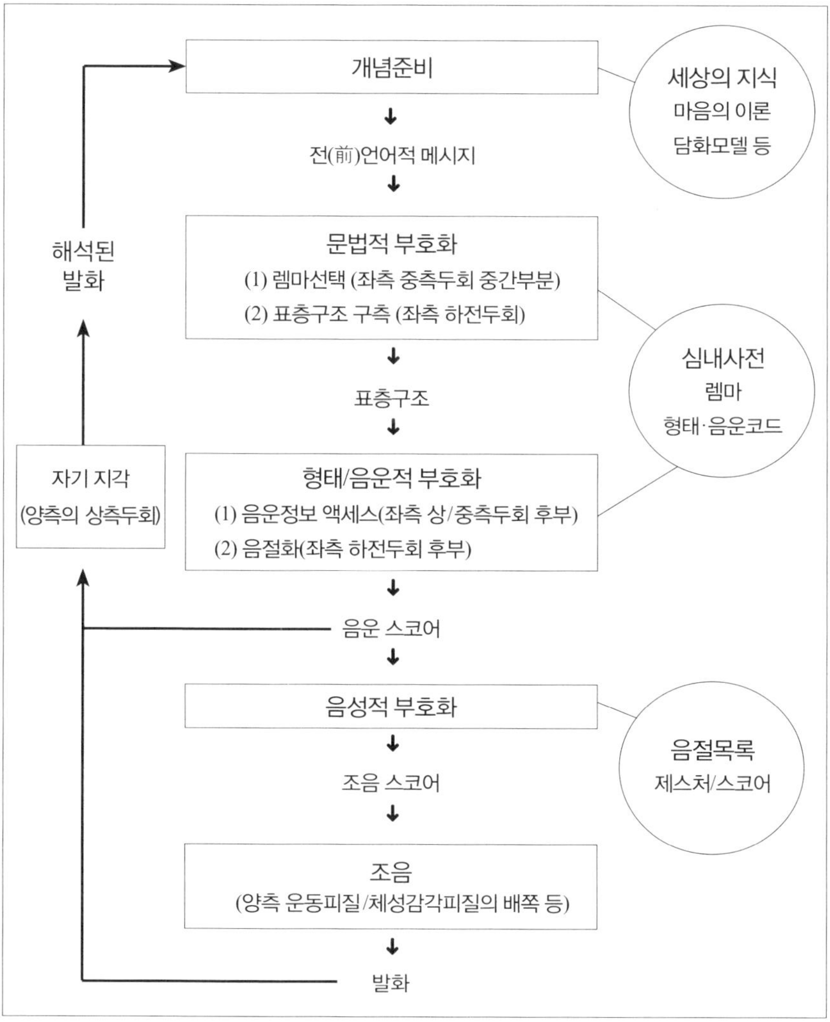

[그림 3-1] 문 산출 모델 (Levelt 1999, Indefrey and Levelt 2004, Indefrey 2007)
괄호는 그 기능을 담당하는 주된 대뇌피질 영역(그림 4-14 참조)

(상측두회(STG, superior temporal gyrus, 上側頭回), 중측두회(MTG, middle temporal gyrus, 中側頭回), 하전두회(IFG, inferior frontal gyrus, 下前頭回), 운동 피질(motor cortex, 運動皮質))

언어산출은 화자의 의도를 개별언어의 어휘나 문법을 토대로 음성(이나 문자)으로 변환하는 과정이다. 우선 개념준비(conceptual preparation)는 마음의 이론(theory of mind)이나 담화모델 등을 참조하면서 전달 의도/내용을 결정하는 과정이다. 개념준비의 출력에 해당하는 전(前)언어적 메시지(preverbal message)는 문법적 부호화(grammatical encoding)에 의해 표층구조(surface structure)라 불리는 일종의 통사구조로 변환된다. 이때 한국어나 일본어, 영어와 같은 개별언어의 어휘와 문법 정보(=언어 지식)가 참조된다. 심내사전(mental lexicon) 내의 어휘 정보에는 적어도 의미, 통사, 형태/음운이라는 세 종류의 정보가 포함되어 있는 것으로 추정된다. Levelt의 어휘접근 모델에서는 이 세 종류의 정보가 삼층 구조의 네트워크를 형성하고 있다([그림 3-2]). 개념층(conceptual stratum)에는 의미 정보가 렘마층(lemma stratum)에는 통사 정보, 형식층(form stratum)에는 형태/음운 정보가 축적되어 있다.

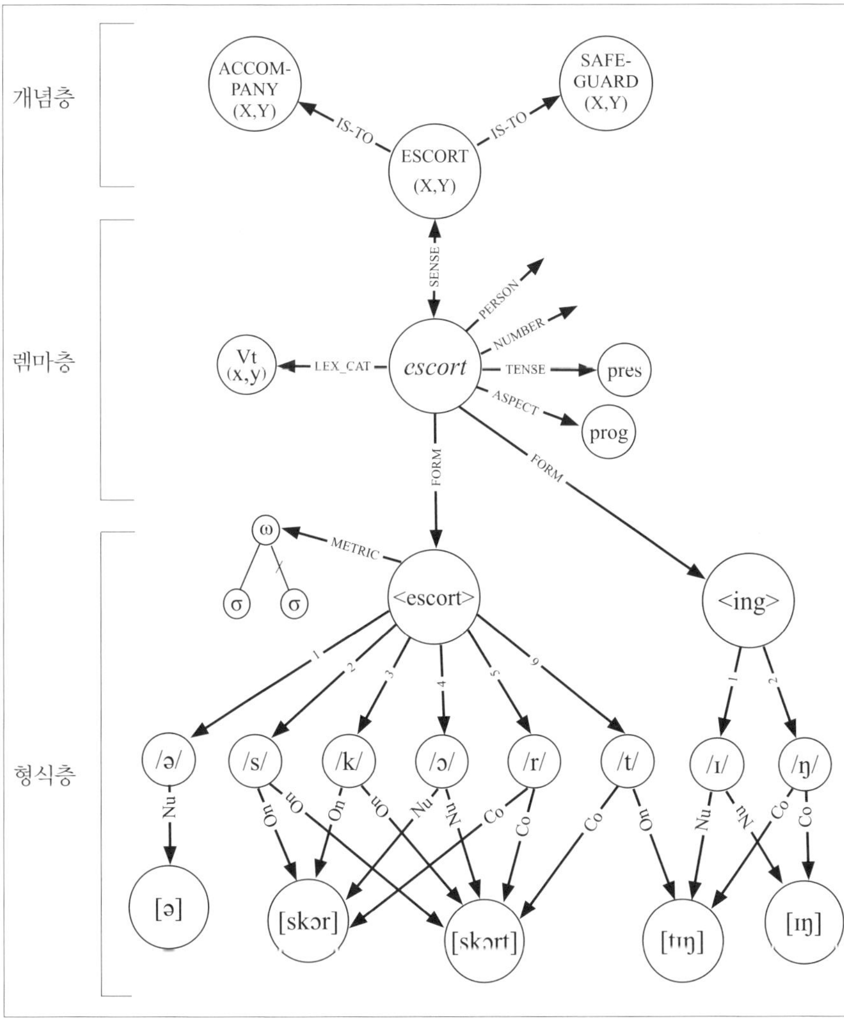

[그림 3-2] 심내사전 모델 (Levelt, Roelofs, and Meyer 1999)

문법적 부호화 과정에서는 우선 전언어적(前言語的) 메시지에 포함되어 있는 어휘개념이 그에 대응하는 렘마(lemma)(=심내사전에 존재하는 통사적 단어의 목록 같은 것)를 활성화시킨다. 렘마가 선택되면 그 단어의 문법범주(範疇)와 통사적 프레임(=문형, 구문)에 관한 정보를 이용할 수 있게 된다. 그 후에 렘마의 문법 역할과 배열 순서가 결정되고 해당 언어의 조건을 충족하는 통사구조를 구축해 간다. 형태/음운적 부호화(morpho-phonological encoding) 과정에서는 선택된 렘마에 대응하는 단어의 형태/음운 정보를 토대로 단어나 구의 음절 구조와 억양(음조)을 결정한다. 예를 들어, 같은 *comprehend*라는 단어라도 *I comprehend* 라는 구와 *I comprehend it* 이라는 구는 서로 다른 음절 구조를 형성한다(I-com-pre-hend vs. I-com-pre-hen-dit). 형태/음운적 부호화의 출력을 **음운 스코어**(phonological score)라 부른다. 음성적 부호화(ponetic encoding) 과정에서는 음운 스코어에 포함되는 하나하나의 음절에 대응하는 조음 제스처(articulatory gesture)가 결정된다. 조음 제스처란 조음 기관에 내리는 지시를 규정한 것으로, 자주 사용하는 음절의 조음 제스처는 뇌에 기억되어 있고(음절 목록(syllabary)), 거기에서 바로 끄집어내 이용할 수 있다. 처음 사용하는 음절이나 사용빈도가 낮은 음절의 조음 제스처는 즉석에서 구축하지 않으면 안 된다. 음운적 부호화의 출력을 **조음 스코어**(articulatory score)라 부른다. 마지막으로 실제로 조음기관을 움직여 조음 스코어의 지시를 실행에 옮기는 과정이 조음(articulation)이다.

지금까지의 연구에서 통상적인 문산출(文産出)에서는 문 전체의 개념준비나 문법적 부호화가 끝난 다음에 조음이 시작되는 것이 아니라, 메시지의 일부분이 형성되면 곧바로 문법적 부호화로 전송되고, 그 중 일부분의 문법적 부호화가 끝나면 바로 다음 단계로 정보가 전송되는, 소위 작은 단위로 조금씩 조금씩 처리가 진행된다는 사실이 밝혀졌다. 이러한 처리를 축차(逐次)처리 또는 점진적(漸進的)처리(incremental processing)라고 한다. 또한, 하나의 단위(예를 들어, 주어 명사)에 대한 처리가 조음까지 끝난 후에, 다음 단위의 처리가 시작되는 것이 아니라 복수 단위의 처리가 동시에 병행해서 이루어진다는 사실도 밝혀졌다. 이것을 병렬 처리(parallel processing)라 한다. 예를 들어, Lindsley(1975)는 영어를 모국어로 하는 화자(話者)에게 그림을 보여주고 그 내용을 설명하게 하는 '회화 묘사 과제'를 이용해, 그림을 제시한 다음부터 발화가 시작될 때까지 걸리는 시간(반응시간)을 측정했다. 만약 문 전체의 문법적 부호화가 끝난 다음에 그림에 관해 설명을 시작한다면 타동사 문(文)을 말하기 시작하는 데 걸리는 시간이 그보다 짧은 자동사 문(文)보다도 길어야 하겠지만, 양자의 발화 개시까지의 시간에는 통계적으로 유의미한 차이가 없었다. 이 결과를 통해 Lindsley(1975)는 타동사 문(文)에서도 목적어의 문법적 부호화가 끝나는 것을 기다리지 않고 발화가 시작된다고 결론지었다. 또한, Smith and Wheldon(1999)은 '회화 묘사 과제'에서 주어가 복잡한 문(e.g. *The dog and the foot move above the kite.*)이 주어가 단순한 문(e.g. *The dog moves above the foot and the kite.*)보다도 발화를 시작하기까지의 시간이 길었다는 연구 결과를 통해 문산출에서 계획을 세우는 단위는 구(예를 들면 주어구)라고 논했다.

지금까지의 내용을 정리해보면, 머릿속으로 생각한 내용을 입을 통해 전달하기까지는 대략 다음과 같은 과정을 거친다. 우선 전(前) 언어적인 메시지가 만들어지고, 그 메시지에 포함되는 개념에 대응하는 렘마가 심내사전 안에서 선택된다. 선택된 렘마의 통사 정보를 개별 언어의 문법에 비추어 가면서 렘마의 문법 역할과 배열순서가 정해지고 통사구조가 구축된다. 이어서 심내사전에서 형태/음운 정보가 출력되어 통사구조에 삽입된 다음에 일정한 처리를 거쳐 조음기관으로 지시가 전달되고 이 지시를 바탕으로 조음이 이루어진다.

문(文) 레벨의 통사처리에 초점을 맞춘 최근의 문산출(文産出) 연구에서는 문법적 부호화의 구체적인 내용과 문법적 부호화와 개념준비나 형태/음운적 부호화와의 관계가 그 쟁점이 되고 있다. 다음 절에서는 구체적인 몇 가지 연구 사례에 대해 개관한다.

2.2 개념의 추출 난이도는 문형 선택에 어떤 영향을 미치는가?

[그림 3-1]의 모델처럼 개념준비의 출력(전언어적(前言語的) 메시지)이 문법적 부호화의 입력이라고 가정한다면 메시지의 어떤 성질이 문법적 부호화에 어떤 영향을 미치는가? 혹은 미치지 않는가를 규명하는 것이 문산출(文産出) 과정을 이해하는 데 있어 아주 중요한 연구 과제가 될 것이다. Bock and Warren(1985)은 개념접근 가능성(conceptual accessibility)이 문법적 부호화에 미치는 영향을 조사하기 위해 문재생(文再生) 과제를 이용한 실험을 했다. 개념접근 가능성이란 명사의 지시대상인 표상(정보)을 기억에서 추출할 때, 그 '추출의 용이함(난이도)'을 일컫는 것으로 예를 들면, 일반적으로 추

상명사보다는 구상(具象)명사의 개념접근 가능성이 크다. 즉, 추출(=상기)하기 쉽다. 개념접근 가능성에는 단어 그 자체의 의미적인 성질(구상성이나 유생성(有生性), 전형성(典型性) 등)로 결정되는 내재적인 개념접근 가능성과 문맥의 영향(기출성(旣出性)이나 화제성, 의미 프라이밍 등)에 의해 결정되는 일시적인 개념접근 가능성이 있다(Prat-Sala and Branigan 2000). Bock and Warren(1985)의 실험에서는 참가자에게 우선 몇 가지 문(文)을 들려주고 기억하게 한 다음, 잠시 시간이 지난 후에 힌트를 실마리로 기억하고 있는 내용을 기록하도록 지시했다. 실험에 사용된 것은 (1)~(3)처럼 구상성(심상성(心像性))이 다른 2개의 명사(이탤릭자로 표시)를 포함하는 문이다. (1a)에서는 구상성이 높은 *doctor*가 주어, 구상성이 낮은 *shock*가 목적어이다.

(1) a. 능동문: The *doctor* administered the *shock*.
    b. 수동문: The *shock* was administered by the *doctor*.

(2) a. 여격구문(與格構文):
       The old hermit left the *property* to the *university*.
       직접 목적어 간접 목적어
    b. 이중 목적어 구문:
       The old hermit left the *university* the *property*.
       직접 목적어 간접 목적어

(3) a. 등위 접속: The lost hiker fought *time* and *winter*.
    b. 등위 접속: The lost hiker fought *winter* and *time*.

우리는 문(文)의 의미는 비교적 잘 기억하고 있지만, 문법적인 구조는 금방 잊어버린다. 그 결과, 문재생 과제에서 능동문을 들었는데도 수동문을 떠올리거나, 그 반대로 수동문을 들었는데 능동문을 떠올리는 변환(inversion)이라 불리는 현상이 종종 발생한다. 실험 결과 (1)과 같은 능동문과 수동문 간의 변환이나, (2)와 같은 여격구문과 이중목적어 구문 간의 변환에서는 구상성이 높은 명사가 구상성이 낮은 명사보다도 하위의 문법 기능을 담당하고 있는 구문(e.g.(1b))을, 구상성이 높은 명사가 구상성이 낮은 명사보다도 상위의 문법 기능이 있는 구문(e.g.(1a))으로 변환하는 비율이, 그 반대의 변환 비율보다도 통계적으로 유의미하게 높다는 사실을 발견했다(문법 기능의 상위/하위는 (4)의 명사구 계층에 따름). 그러나, (3)처럼 등위 접속된 두 개 명사의 어순 변환에는 구상성의 영향을 찾아볼 수 없었다.

(4) 명사구 계층(Keenan and Comrie 1977의 내용을 일부 수정)
주어 > 직접목적어 > 간접목적어 > 사격(斜格) 명사구

이처럼 개념접근 가능성이 통사구조의 선택에 영향을 미친다는 사실은 그 후에도 많은 연구에서 확인되었다(e.g. McDonald, Bock, and Kelly 1993, Ferreira 1994).

Bock and Warren(1985)은 [그림 3-1]의 문법적 부호화에 상당하는 부분이 기능처리(functional processing)와 위치처리(positional processing)의 2단계로 나누어져 있는 [그림 3-3]과 같은 모델(Garret

1975, Bock and Levelt 1994)을 가정하고, 이 현상을 다음과 같이 설명하고 있다.

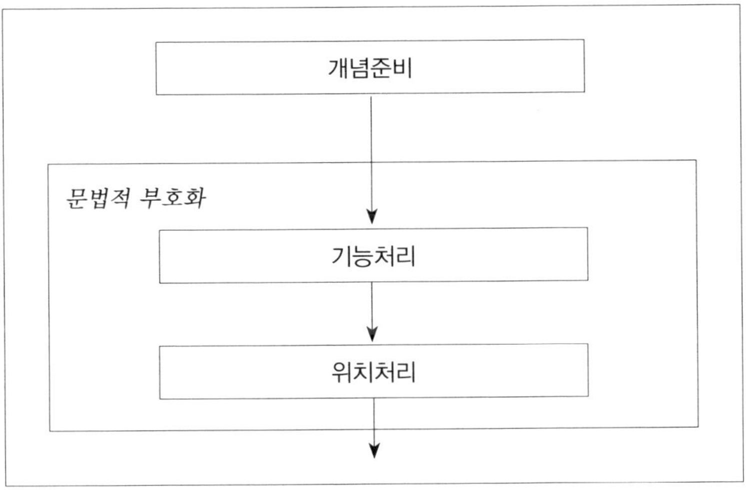

[그림 3-3] 기능처리와 위치처리의 관계 (Bock and Levelt 1994를 일부 변경)

[그림 3-3]의 모델에 따르면, 기능처리에서는 우선 전(前)언어적 메시지의 일부분에 적합(適合)한 개념층 내의 노드(node)가 활성화(=정보를 추출하기 쉬운 상태)되고, 대응하는 렘마로 활성화가 전해져 활성도가 높은 렘마가 선택된다. 이어서 선택된 렘마에 주어, 목적어와 같은 문법 기능(grammatical function)이 할당된다. 개념접근 가능성이 큰 명사는 렘마가 빨리 활성화되고, 또 빨리 선택되기 때문에 문법 기능도 빨리 할당된다. 이때 문법 기능의 할당이 (4)의 명사구 계층의 상위부터 순서대로 진행된다고 가정하면, 빨리 선택된 렘마일수록 상위의 문법 기능을 할당받게 될 것이다. 이 단계에서는 아직 어순이 결정되지 않는다. 기능처리의 출력을 개별 문법에 비추

어 구성소의 전후관계 등을 결정하고, 구성소 구조(constituent structure)를 만드는 것은 후속하는 위치처리의 역할이다. 이 모델을 토대로 예를 들어 (1b)에 대응하는 메시지를 기억해 내려고 할 경우에 대해 생각해 보자. *doctor*가 *shock*보다도 개념접근 가능성이 크기 때문에 기능처리 단계에서 *doctor*의 렘마가 *shock*의 렘마보다도 먼저 선택되고 주어 역할을 부여받을 가능성이 크다. *doctor*에 주어 역할이 부여되면 수동문 (1b)는 만들 수 없게 되고 대신에 대응하는 능동문 (1a)를 떠올리게 된다. (2a, b)의 직접목적어와 간접목적어도 같은 설명이 가능하다. (3a, b)의 등위 접속 항의 배열순서가 개념접근 가능성의 영향을 받지 않는 것은 두 개의 등위 접속 항이 동일한 문법 관계를 담당하고 있기 때문이다. 이처럼 Bock and Warren(1985)의 가설에서 개념접근 가능성이 큰 명사가 문(文)의 앞쪽에 출현하기 쉬운 것은 개념접근 가능성이 큰 명사일수록 기능처리 단계에서 더 상위의 문법 기능을 부여받는 경향이 있고, 영어 문법에서는 (우연히) 보다 상위의 문법 기능을 담당하는 명사가 문의 앞쪽에 출현하도록 정해져 있기 때문이다. 즉, 개념접근 가능성이 어순에 미치는 영향은 문법 기능의 부여를 통한 간접적인 것이라고 주장하고 있다. 이 가설을 임의로 기능처리설이라 부르기로 하자. 기능처리설은 개념준비가 기능처리와는 직결되지만, 위치처리와는 직접 연결되지 않은 [그림 3-3]의 모델과 정합적이다. 다시 말하자면, Bock and Warren(1985)의 실험 결과와 그 설명인 기능처리설은 [그림 3-3]의 모델을 지지하는 것이다.

개념접근 가능성이 통사구조의 선택에 영향을 미친다는 사실에 대한 설명으로 기능처리설 외에 크게 두 종류의 가설이 제안되었다. 하나는 개념접근 가능성은 기능처리에서 문법 기능을 부여하는 순서가 아니라, 위치처리에서 선형순서를 결정하는 데 영향을 미친다는 설이다(위치처리설) (e.g. De Smedt 1990). Bock and Warren(1985)의 연구에서는 개념접근 가능성이 등위 접속된 명사의 배열순서에 영향을 미치지 않았다는 것이 기능처리설을 지지하는 중요한 증거의 하나라고 주장하고 있다. 그러나, 개념접근 가능성이 등위 명사의 배열 순서에 영향을 미친다는 실험 보고도 있으며, 그 결과는 위치처리설과 정합적(整合的)이다(Byrne and Davidson 1985, Kelly, Bock, and Keil 1986). 더욱이 영어보다도 어순의 자유도가 높은 언어(독일어나 스페인어 등)를 이용한 연구에서는 개념접근 가능성이 문법 기능과는 독립적으로 어순 결정에 영향을 미친다는 사실이 확인되었다(e.g. Kempen and Harbusch 2004, Sridhar 1988, Prat-Sala and Branigan 2000). 단, 이러한 연구 결과는 개념접근 가능성이 위치처리에만 영향을 미치는 것인지, 위치처리와 기능처리 모두에 영향을 미치는 것인지는 알 수가 없다.

개념접근 가능성과 통사구조의 관계에 관한 또 하나의 가설은 개념접근 가능성은 기능처리와 위치처리 모두에 영향을 미친다고 하는 가설(문법적 부호화설)이다. 일반적으로 유생(有生) 명사가 무생(無生) 명사보다 개념접근 가능성이 크다. 그래서 Tanaka, Branigan, and Pickering(2008)은 개념접근 가능성이 기능처리와 위치처리에 미치는 영향을 조사하기 위해서 (5)~(8)과 같은 유생 명사와 무생 명사의 출현 순서(유생 명사가 앞 vs. 무생 명사가 앞)와 어순(SOV vs.

OSV), 보이스(능동태 vs. 수동태)를 바꾼 8종류의 문을 이용해 문재생(文再生) 실험을 했다(능동태의 O는 목적어(object), 수동태의 O는 사격 명사구(oblique NP)).

(5) a. 港の前で、5人の人がボートを運んだ。
항구 앞에서 5명의 사람이 보트를 옮겼다. (유생 앞, SOV, 능동태)
b. 港の前で、ボートが5人の人を運んだ。
항구 앞에서 보트가 5명의 사람을 옮겼다. (무생 앞, SOV, 능동태)

(6) a. 港の前で、ボートを5人の人が運んだ。
항구 앞에서 보트를 5명의 사람이 옮겼다. (무생 앞, OSV, 능동태)
b. 港の前で、5人の人をボートが運んだ。
항구 앞에서 5명의 사람을 보트가 옮겼다. (유생 앞, OSV, 능동태)

(7) a. 港の前で、5人の人がボートによって運ばれた。
항구 앞에서 5명의 사람이 보트에 의해 옮겨졌다. (유생 앞, SOV, 수동태)
b. 港の前で、ボートが5人の人によって運ばれた。
항구 앞에서 보트가 5명의 사람에 의해 옮겨졌다. (무생 앞, SOV, 수동태)

(8) a. 港の前で、ボートによって5人の人が運ばれた。
항구 앞에서 보트에 의해 5명의 사람이 옮겨졌다. (무생 앞, OSV, 수동태)
b. 港の前で、5人の人によってボートが運ばれた。
항구 앞에서 5명의 사람에 의해 보트가 옮겨졌다. (유생 앞, OSV, 수동태)

실험 결과, 유생 명사를 앞으로 가져오는 변환(예를 들어, (6a)를 기억한 다음에 (5a)를 '떠올리는 것')이 무생 명사를 앞으로 가져오는 변환(예를 들어, (6b)를 기억한 다음에 (5b)를 '떠올리는 것') 보다 통계적으로 유의미하게 많았다. 이것은 명사의 유생성(有生性)이 기능처리와는 독립적으로 위치처리에 영향을 미친다는 것을 시사한다. 또한, 유생 명사를 주어로 바꾼 변환(예를 들어, (8b)를 기억한 다음에 (5a)를 '떠올리는 것')이 무생 명사를 주어로 바꾼 변환(예를 들어, (8a)를 기억한 다음에 (5b)를 '떠올리는 것') 보다도 통계적으로 유의미하게 많았다. 이것은 유생성(개념접근 가능성)이 위치처리와는 독립적으로 기능처리에 영향을 미친다는 것을 보여준다. 즉, 이러한 결과는 명사의 유생성(개념접근 가능성)이 명사에 대한 문법 기능의 부여와 선형 순서의 결정에 독립적으로 영향을 미친다는 것을 시사하며, 문법적 부호화설을 지지한다. [그림 3-3]처럼 기능처리와 위치처리가 직렬적으로 배열된 모델로 이러한 결과를 설명하기 위해서는 기능처리 단계에서 일단 부여된 문법 기능을 위치처리 단계에서 변경할 수 있는 구조(기능처리에서 위치처리로의 피드백)를 도입할 필요가 있다. 또 한 가지 가능성은 문법 기능과 선형 순서의 결정이 동시/병렬적으로 일어나도록 모델을 수정하는 것이다(Branigan, Pickering, and Tanaka 2008, Tanaka, Branigan, and Pickering 2008).

이상과 같이, 개념접근 가능성이 큰 명사는 상위의 문법 기능을 담당하는 문(文)의 앞쪽에 출현하는 경향이 있다. 이 현상은 [그림 3-3]처럼 기능처리와 위치처리가 직렬적으로 배열되어 있고, 정보가 한쪽 방향으로만 흘러가는 모델로는 적절하게 설명할 수 없다.

2.3 같은 구문이 반복적으로 사용되기 쉬운 것은 왜인가?

인간이 가진 아주 특별한 언어능력 중의 하나가 한 번도 접한 적이 없는 표현을 산출하거나 이해할 수 있다는 사실이다. 즉, **언어사용의 창조성(creativity in language use)**이다. 이러한 성질이 언어에 갖추어져 있는 덕분에 우리는 상황에 따라 새로운 표현을 만들어 내고, 새로운 정보를 기록하거나 전달할 수 있다. 그러나, 한편으로 실제 언어 운용에서는 수동문을 사용한 직후에 다시 수동문을 사용하는 비율이 증가하는 등, 바로 앞에서 사용한 구문이나 단어를 반복해서 사용하는 경향이 있다는 사실도 잘 알려져 있다.

같은 구문이나 단어의 반복은 커뮤니케이션을 원활하게 하기 위해 의도적으로 행해지는 경우도 있지만, 그러한 가능성이 배제되도록 조건을 통제한 실험에서도 반복의 경향은 관찰된다. 예를 들어, Bock(1986)은 실험 참가자에게 (9a, b)와 같은 문을 들려주고 복창하게 한 다음, 방금 들려주고 복창하게 한 문(文)과는 의미적으로 아무런 관계가 없는 그림을 보여주고, 그림에 그려져 있는 상황을 구두로 설명하게 했다(회화 묘사 과제). 능동문(10a)으로도 수동문(10b)으로도 설명이 가능한 그림 (예를 들어 '교회에 벼락이 떨어지고 있는 그림')을 사용했다. 실험 결과, 능동문(9a)을 복창한 다음보다도 수동문(9b)을 복창한 다음에, 수동문(10b)으로 그림을 설명하는 비율이 높았다.

(9) 선행문(프라임)

a. 능동문: One of the fans punched the referee.

b. 수동문: The referee was punched by one of the fans.

(10) 그림 묘사에 피험자가 사용한 발화(타겟)

a. 능동문: Lightning is striking the church.

b. 수동문: The church is being struck by lightning.

또, 같은 실험방법을 이용해 실시한 삼항 동사(三項動詞)의 실험에서도 (11a)와 같은 이중목적어 구문보다는 (11b)의 여격(與格) 구문을 접한 다음에 여격 구문으로 그림을 설명하는 비율이 높았다.

(11) a. 이중목적어 구문: A rock star sold an undercover agent some cocaine.

b. 여격 구문: A rock star sold some cocaine to an undercover agent.

이처럼 선행하는 문의 구조가 후속하는 문을 처리하는 데 영향을 미쳐 무의식중에 같은(또는 비슷한) 구조가 반복되는 현상을 **구조 프라이밍**(structural priming) 또는 **통사 프라이밍**(syntactic priming)이라고 한다. 지금까지의 연구에서 구조 프라이밍은 프라임을 들었을 때뿐만 아니라 말하거나, 읽고 쓸 때도 일어난다는 사실이 잘 알려져 있다.

(9) (10)의 예에서 알 수 있듯이 구조 프라이밍은 프라임과 타겟에서 사용되는 내용어(동사나 명사)가 달라도 일어난다. 단, 프라임과 타겟에서 같은 동사가 사용될 때에 구조 프라이밍의 효과는 커진

다(Pickering and Branigan 1998). 또한, 구조 프라이밍은 내용어뿐만 아니라 기능어(전치사 등)가 달라도 일어난다. 예를 들어, 여격 구문 뒤에는 여격 구문이 사용되는 비율이 높아진다고 위에서 언급했지만, 여격 구문(전치사 *to*)과는 다른 (12)처럼 전치사를 갖는 수익(受益) 구문(전치사 *for*)을 프라임으로 사용해도 (그림의 설명할 때) 여격 구문이 사용되는 비율이 높아진다는 사실이 보고되었다(bock 1989).

(12) 수익 구문: The secretary baked a cake for her boss.

동사의 시제/애스펙트(동사의 상(相))/수(Pickering and Branigan 1998)나 단어의 음운적 유사성(類似性)(Bock and Loebell 1990)은 구조 프라이밍에 영향을 미치지 않는다. 이렇듯 구조 프라이밍은 내용어나 기능어가 달라도 효과를 보이며, 또한 음운의 영향을 받지 않는다는 점에서 통사적 레벨의 현상이라고 볼 수 있다(Bock 1989). 또한 구조 프라이밍은 언어산출 뿐만아니라 언어이해에서도 그 효과가 관찰되었다(e.g. Branigan, Pickering, and McLean 2005, Thothathiri and Snedeker 2008).

구조 프라이밍이 왜 일어나는가에 대해서는 두 가지의 유력한 가설이 제안되었다. 통사 정보의 잔류 활성화(residual activation)에 입각한 설(Pickering and Braning 1998)과 통사처리 과정의 잠재학습(implicit learning)을 토대로 한 설(Bock and Griffin 2000, Chang, Dell, and Bock 2000)이 그것이다.

2.1절(마음의 소리가 입을 통해 전달되기까지의 과정)에서 살펴본 것처럼 문산출(文産出)의 대표적인 모델에서는 심내사전(心內辭典)에 저장된 어휘정보가 개념층과 렘마층, 형식층이라는 3가지 층으로 이루어진다고 가정한다. 잔류 활성화설에 의하면 렘마층 내에, 개개의 동사 노드(node) 이외에 동사가 특정 구문에서 사용될 때에 활성화하는 연결 노드(combinatorial node)라고 불리는 노드가 존재하며, 구조 프라이밍에서 아주 중요한 역할을 담당한다. 연결 노드는 그 구조에서 사용 가능한 복수의 동사에 공유되며, 예를 들어 이중목적어 구문의 연결 노드 [VP V NP NP]와 여격 구문의 연결 노드 [VP V NP PP]는 *give*나 *lend, sell* 등의 노드와 링크가 연결되어 있다. 동사 *give*가 이중목적어 구문에서 사용되면 렘마층 내의 동사 노드 [give]와 연결 노드 [VP V NP NP] 그리고 이 둘을 잇는 링크가 활성화된다. 한 번 활성화된 노드나 링크는 활성화가 잔류하고 있는 동안(몇 초 정도)은 다시 선택되기 쉬운 상태가 유지된다. 이 때문에 후속문(後續文)에서 예를 들어, 동사 *lend*가 사용되면 동사 노드 [lend]와 링크가 연결된 이중목적어 구문의 연결 노드 [VP V NP NP]에 활성화가 잔류하고 있으므로 이중목적어 구문이 선택될 가능성이 커지고, 구조 프라이밍이 일어난다. 후속문에서 선행문과 같은 동사 *give*가 사용될 때는 연결 노드 [VP V NP NP] 뿐만 아니라 동사 노드 [give], 그리고 동사 노드 [give]와 연결 노드 [VP V NP NP]를 잇는 링크에도 활성화가 잔류하고 있기 때문에 선행문과 후속문에서 서로 다른 동사가 사용될 경우보다도 큰 프라이밍 효과를 얻을 수 있다. 이처럼 '구조 프라이밍은 프라임과 타겟에서 동사가 달라도 관찰되

지만, 같은 동사가 사용될 때는 효과가 보다 커진다'는 실험 결과를 잘 설명할 수 있는 것이 잔류 활성화설(說)의 큰 이점이다.

잔류 활성화설은 기본적으로 어휘 프라이밍과 동일한 활성화 전반(傳搬)의 메커니즘이 구조 프라이밍에 관여한다고 생각하기 때문에 구조 프라이밍도 일반적인 어휘 프라이밍과 마찬가지로 수초 만에 그 효과가 격감할 것으로 예측된다. 이 예측은 Levelt and Kelter(1982)나 Branigan, Pickering, and Cleland(1999) 등 많은 연구에서 보고하고 있는 실험 결과와도 정합적이다. 그러나, 한편으로 구조 프라이밍의 효과가 장시간 지속한다는 것을 시사하는 데이터도 있다. 예를 들면, Bock and Griffin(2000)은 프라임과 타겟 사이에 아무런 관계도 없는 10개의 문(文)을 삽입해도 구조 프라이밍이 일어난다는 실험 결과를 보고하고 있다. 이렇듯 장시간에 걸친 프라이밍 효과는 잔류 활성화설로는 예측할 수가 없다. 그래서 Bock의 연구팀은 구조 프라이밍은 선행하는 문을 처리할 때에 의미와 구문을 조합하는 처리 절차가 무의식중에 학습된 결과라고 하는 잠재학습설을 제안했다. 잠재학습(潛在學習)이란 (a)자각할 수 없고, (b)복잡하고 또 추상적이며, (c) 과제 수행의 부산물로, (d)건망증이 아주 심한 사람들에게서도 관찰되는 절차적 지식의 학습이다. Bock and Griffin(2000)은 구조 프라이밍은 이러한 성질을 모두 함께 갖추고 있다고 주장했다. 구조 프라이밍이 과도적인 활성화에 의한 것이라고 하는 잔류 활성화설과는 대조적으로 잠재학습설은 구조 프라이밍을 학습의 결과로 보기 때문에 구조 프라이밍의 효과가 장시간 지속하는 경우가 있다는 것을 잘 설명 할 수 있다. 또한, 구조 프라이밍을 몇 번이고 반복하면 점차 프라이밍 효과가 가산되어 커진다(Kaschak, Loney, and Borreggine 2006)는 실험 결과도 잔류 활성화설 보다는 잠재학습설을 지지하는 것이다.

프라임과 타겟에서 같은 동사가 사용될 때가 다른 동사가 사용될 때보다 구조 프라이밍의 효과가 크다고 위에서 언급했지만, 동사의 반복에 의한 효과는 프라임과 타겟이 인접해 있을 때 가장 크고, 그 사이에 필러(filler)가 삽입되면 현저하게 약해진다. 한편, 동사가 반복되지 않을 때의 구조 프라이밍 효과는 오히려 프라임과 타겟 사이에 필러가 삽입될 때 더 강해진다(Konopka and Bock 2005). 이상과 같은 상황을 종합해 판단하면, 구조 프라이밍의 원인은 한 가지가 아니라 인접하는 프라임/타겟 사이에 동사가 반복될 때 전형적으로 관찰되는 단시간의 구조 프라이밍 효과는 잔류 활성화에 의한 것이고, 보다 장시간 지속하는 가산적인 구조 프라이밍 효과는 잠재학습에 의한 것일 가능성을 배제할 수 없다(Ferreira and Bock 2006, Thothathiri and Snedeker 2008).

요약하면, 언어 운용에서는 같은 구조가 반복 사용되는 경향이 있다. 단시간에 효과가 사라지는 경우와 장시간에 걸쳐 효과가 지속되는 경우가 있으며, 복수의 서로 다른 인지 메커니즘이 관여하고 있는 복합적인 현상일 가능성이 크다.

3. 언어는 마음의 창?

제2절(언어는 마음을 뛰어넘을 수 없다?)에서 살펴본 것처럼 언어산출(産出)은 상대방에게 전달하고 싶은 것(메시지)을 개별언어의 어휘나 문법에 근거해 음성이나 문자로 변환(變換)해 가는 과정이다. 반대로 본 절에서 고찰할 언어이해(language comprehension)는 음성이나 문자를 단서로 개별언어의 어휘나 문법을 참조하면서 화자의 메시지를 능동적으로 재구축하는 과정이다. 즉, 언어이해란 언어라는 창문을 통해 상대방의 마음을 이해하려는 시도라고 하겠다. 언어이해에 관한 연구는 적어도 19세기의 실어증(失語症) 연구로 거슬러 올라가지만, 1950년대의 이른바 제1차 인지 혁명 이후, 언어이해를 마음/뇌에서 일어나는 계산 과정으로 간주하고, 그 내적 메커니즘을 실증적으로 탐구하는 연구가 성행했다. 1960년대에는 화자가 뇌 속에 내재하는 문법 지식과 아주 짧은 시간에 이루어지는 언어이해 과정의 밀접한 관계가 강조되었고(e.g. Miller and Chomsky 1963), 그 반동으로 1970년대에는 문법과는 독립된 처리 방략(方略)으로 연구의 중점이 옮겨졌다(e.g. Kimball 1973). 그리고 1980년대에 언어 이론이 새로운 전개를 보이자 다시 언어 지식이 온라인(on-line) 처리 과정에서 수행하는 역할에 대해 아주 면밀하게 검토되는 등(e.g. Pritchett 1992), 우여곡절을 거치면서도 착실하게 연구 분야로서의 기초 체력을 충실히 다져왔다. 1990년대에 뇌 기능 계측 장치가 언어 연구에 사용될 만큼 실용화되면서 21세기에 들어서는 언어

이해 연구(뿐만 아니라 언어 연구 전반)에서 언어학과 심리학, 뇌과학의 연대가 진행되고 있다.

3.1 읽고, 듣고, 이해하기까지 어떤 처리 과정을 거치는가?

언어이해, 특히 통사처리에 관한 인지 신경 모델 중에서 가장 잘 알려진 것은 Friederici의 모델일 것이다(Friederici and Katz 2003)([그림 3-4]).

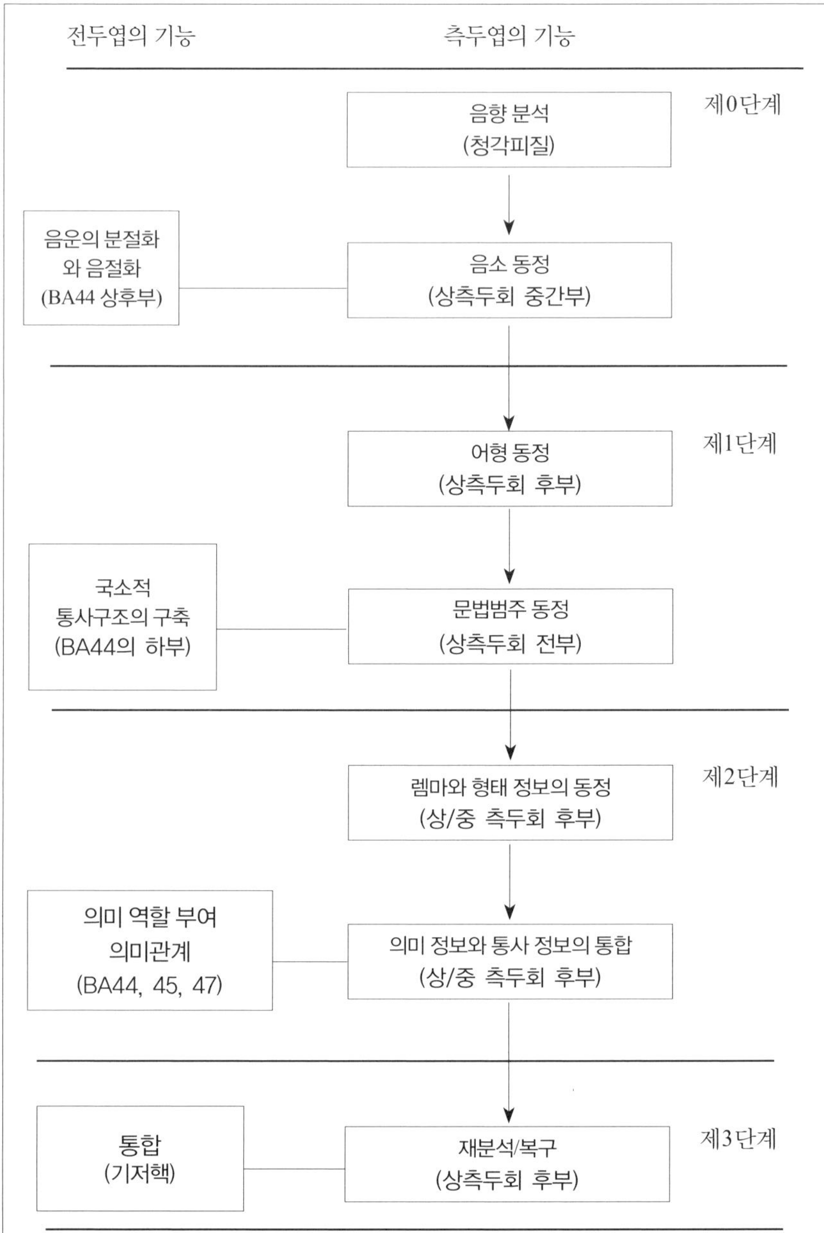

[그림 3-4] 문이해 모델 (Friederici and Kotz 2003 일부 변경)

(　) 안은 그 기능을 담당하는 주된 대뇌피질 (청각피질(auditory cortex), 상측두회(STG, superior temporal gyrus, 上側頭回), 중측두회(MTG, middle temporal gyrus, 中側頭回), 기저핵(basal ganglia, 基底核), 상후부(superior-posterior portion), 중간부(middle portion), 전부(anterior region), 후부(posterior region), 브로드만 영역(BA, Brodmann Area))

이 모델에 의하면 언어이해 과정은 크게 4단계(phases)로 분류된다. 우선, 제0단계(phase 0)라 불리는 첫 번째 단계에서는 음성을 다른 환경음에서 분리한 뒤, 음성의 음향적 특성을 분석하고(primary acoustic analysis) 그에 후속하는 음소(音素)의 동정(同定)(identification of phonemes)과 음절처리(phonological segmentation and sequencing)가 이루어진다. 다음 단계인 제1단계 (phase 1)에서는 단어 형식의 동정(identification of word form)과 문법범주의 동정(identification of word category)이 이루어지고 그것을 토대로 국소적(局所的)인 통사구조가 구축된다(syntactic structure building). 예를 들면, 형용사와 명사가 동시에 입력될 경우, 이 두 가지를 결합해서 명사구를 구축하는 처리가 이루어진다. 계속해서 제2단계(phase 2)에서는 단어의 렘마와 형태 정보가 동정(identification of lemma and morphological information)된 다음, 의미와 형태/통사 정보의 통합(integration of semantic and morpho-syntactic information), 의미역할의 부여(thematic role assignment, semantic relations) 등이 이루어진다. 제3단계(phase 3)에서는 여러 가지 정보가 통합(integration)되고 만약 모순이나 부적절함이 발생했을 때는 재해석이나 수복

(processes of reanalysis and repair)이 이루어진다.

지금까지의 연구에서 일반적인 문이해(文理解)는 문 전체가 입력된 다음에 처리가 시작되는 것이 아니라 문장 첫머리에서부터 단어가 하나씩 입력되면 작은 단위로 조금씩 조금씩 처리가 진행된다는 사실이 밝혀졌다(축차처리 또는 점진적처리(incremental processing)). 또한, 문이해는 입력정보에 기계적으로 반응하는 수동적인 과정이 아니라, 이미 입력된 정보의 분석을 토대로 그 다음에 입력될 내용을 예측하면서 진행되는 능동적 과정이라는 것도 밝혀졌다. 예를 들면, Kamide, Altmann, and Haywood(2003)는 실험 참가자에게 [그림 3-5]를 보여주면서 (13a) 또는 (13b)를 들려준 다음, 제3문절 楽しげに(즐거운 듯이)를 청취했을 때의 실험 참가자의 안구 운동을 측정했다. 그 결과 (13a)를 듣고 있을 때가 (13b)를 듣고 있을 때보다도 제3문절 청취시에 그림 속의 햄버거를 응시하는 비율이 높다는 사실을 발견했다. 이것은 실험 참가자가 제2문절에 나타난 격조사의 차이 '客に(손님에게)' vs. '客を(손님을)' 등을 단서로 그다음에 '햄버거'가 입력될지 어떨지를 능동적으로 예측하면서 문(文)을 듣고 있다는 것을 시사한다.

(13) a. イトレスが 客に 楽しげに ハンバーガーを運んだ。
(여종업원이 손님에게 즐거운 듯이 햄버거를 나른다)

b. ウェイトレスが 客を 楽しげに からかう。
(여종업원이 손님을 즐거운 듯이 놀린다)

[그림 3-5] 안구운동 측정 실험에 사용한 그림 (Kamide, Altmann, and Haywood 2003)

이상의 내용을 종합하면, 문(文)을 듣거나 읽고 이해하기까지는 대략 다음과 같은 과정이 포함된다. 우선 청각 정보나 시각 정보를 토대로 심내사전(心內辭典)에 액세스해 단어의 인지가 이루어진다. 다음으로 단어 정보와 개별언어의 문법을 조합해가면서 국소적인 통사구조를 구축한다. 이렇게 구축한 것을 이미 구축되어 있는 구조와 통합해, 의미 역할 부여 등을 실행한다. 통합된 구조 전체의 정합성을 확인해 문제가 있으면 재해석이나 복구가 이루어진다. 이러한 처리를 연이어 입력되는 단어에 반복적, 병렬적으로 시행하면서 문 전체의 의미를 계산해 얻어진 메시지를 선행 문맥이나 이미 갖고 있는 지식 체계에 짜 넣는다.

문 레벨의 통사처리에 초점을 맞춘 최근의 문이해 연구에서는 문처리의 어느 단계에서 어떤 정보가 어떻게 이용되는지가 논점이 되고 있다. 다음 절에서는 구체적인 연구 사례에 대해 살펴보도록 하자.

3.2 문을 이해할 때에는 어떤 정보가 어떤 타이밍에서 사용되는가?

문을 읽거나 듣고 이해할 때에 입력정보를 토대로 점진적(漸進的)으로 통사구조를 구축해 가는 처리를 **통사해석**(syntactic processing 또는 parsing)이라고 한다. 본 절에서는 통사해석을 주관하는 인지 시스템(편의상, 해석 장치(parser)라 부른다)이 어떤 정보를 어떤 타이밍에서 이용하는지에 대해 고찰한다. 이에는 크게 두 가지 설(說)이 있으며, 모듈러설(說)과 상호작용설(說)이 그것이다.

모듈러설(說)이란 처리 단계별로 사용되는 정보가 다르다는 설(說)로 오인 현상 이론(garden-path theory)이 그 대표적인 이론이다. 오인 현상 이론에 의하면 통사해석은 크게 2단계(stages)로 나누어져 있다. 제1단계에서는 통사 정보(단어의 품사 등)만을 이용하며, 문법적으로 가능한 통사구조의 후보가 복수 존재할(통어적으로 애매한) 때는 처리의 방략(processing strategies)을 토대로 그중에서 한 가지만 선택해 실제로 구축한다. 빈도나 문맥, 의미와 같은 통사 이외의 정보는 제2단계에서 이용된다(e.g. Frazier and Fodor 1978, Frazier 1987) (오인 현상 이론에서 말하는 처리단계(stages)는 Friederici 모델의 처리단계(phases)와는 다른 것으로 혼동하지 않도록 주의하기 바란다).

예를 들면, (14)와 같은 문(文)에 대해 같이 생각해 보자.

(14) The student forgot the solution was in the book.

문두(文頭)에서 *the solution*까지 입력된(=읽었거나 들었을) 시점에서는 *the solution*이 *forgot*의 목적어라는 분석(15a)과 보문(補文)의 주어라는 분석(15b)이 문법적으로 가능하다.

(15) a. The student [$_{VP}$ forgot [$_{NP}$ the solution]]
b. The student [$_{VP}$ forgot [$_{S}$ [$_{NP}$ the solution]]...]

(15b)는 (15a)에 없는 보문의 절점(節点) S를 갖기 때문에 (15a)가 (15b)보다도 구조가 단순(=절점 수가 적다)하다. 오인 현상 이론에(garden-path theory) 따르면, 해석 장치는 이럴 때 최소 부가(minimal attachment) 방략에 의해 절점 수가 적은 (15a) 구조를 선택(구축)한다(Frazier and Fodor 1978). *solution* 다음에 *was*가 입력되면 이 분석이 잘못되었음을 깨닫고, (15a)를 파기한 다음 (15b) 구조를 구축하는 재해석(reanalysis) 처리가 필요해진다. (16)과 같이 보문표식 *that*이 있을 때는 처음부터 *the solution*이 *forgot*의 목적어라고 분석되는 일은 없으므로 재해석은 발생하지 않는다. 이 때문에 (16)과 (14)를 비교해 보면 (14)가 *was* 입력 이후의 처리 부담이 높아져, 예를 들면 해석 시간이 길어지는 현상이 관찰된다(cf. Trueswell, Tanenhaus, and Kell 1993).

(16) The student forgot that the solution was in the book.

이처럼 초기 단계의 분석이 나중에 잘못되었음을 깨닫고, 처리 부담이 높아지는 현상을 오인 현상(garden-path phenomenon)이라고

하며, 오인 현상 이론(garden-path theory)이라는 이름의 유래가 되고 있다.

최소 부가로는 결말이 나지 않는 구조적 모호성을 해소하기 위해서는 늦은 종결(late closure)이 이용된다(Frazier 1978, Kimball 1973). 늦은 종결은 새로운 요소가 입력되면 그 시점에서 처리 중인 구(句)나 절(節)에 그것을 부가할 것을 요구하는 방략(方略)이다. 예를 들어, (17)의 시간부사 *next week* / *last week*는 통사적으로는 주문(主文)을 수식하는 구조와 내포문(embedded sentence) (관계절)을 수식하는 구조가 가능하며 절점 수도 같다. 이 경우, 부사가 입력된 시점에서 처리된 것은 주문이 아니라 내포문이기 때문에 늦은 종결에 의해 해석 장치는 부사가 내포문을 수식하는 구조를 구축한다. (17a)는 의미적으로도 타당하고 최종적으로 올바른 구조이다. 그러나, (17b)는 의미적으로는 부사가 주문을 수식하지 않으면 안 되기 때문에 늦은 종결에 따라 처음에 구축했던 통사구조와 모순이 생겨, 재해석이 필요해진다. 그 때문에 부사가 주문을 수식하는 (17b)가 부사가 내포문을 수식하는 (17a) 보다도 부사 부분의 독해 시간이 길어진다(e.g. Altmann et al 1998).

(17) a. She'll implement the paln she proposed to the committee last week, the hope.

b. She'll implement the paln she proposed to the committee next week, the hope.

이처럼 모듈러설(說)의 대표인 오인 현상 이론에서는 통사해석의 초기 단계에서는 통사 정보 만이 그 단서로 사용되고, 다른 정보는 다음 단계 이후에 활용된다고 생각한다.

한편, 상호작용설(說)은 통사 정보뿐만 아니라 빈도나 문맥, 의미 등 관련이 있는 정보는 무엇이든 입력되는 즉시 통사해석에 이용된다고 생각한다. 현재의 상호작용설 대부분은 제약 만족(constraint satisfaction)의 사고를 토대로 하고 있으며, 통사해석을 할 때는 입력에 모순되지 않는 모든 통사분석이 병행해 활성화된다고 가정한다. 각각의 분석의 활성화 정도는 다양한 정보에 얼마나 강력한 지지를 받는가에 의해 결정되며, 가장 강한 지지를 받은 분석이 최종적으로 경쟁에서 이기고 선택된다. 이때 한 가지 분석이 다른 분석에 비해 뛰어나고 강력한 지지를 받을 때는 곧바로 결정이 내려져 해석이 쉬워지지만, 여러 개의 분석이 비슷한 지지를 받을 때는 결정을 내리기 힘들기 때문에 해석이 어려워진다.

상호작용설이 모듈러설보다도 타당성이 높다는 것을 입증하기 위해서는 통사해석의 초기 단계에서부터 복수의 정보(특히 통사 정보 이외의 정보)가 처리에 영향을 미친다는 것을 증명해야만 한다. 다음으로 통사 정보 이외의 정보가 통사해석에 미치는 영향을 조사한 연구를 살펴보도록 하자.

Trueswell, Tanenhaus, and Kell(1993)은 (18a, b)와 같은 문(文)의 독해 시간을 조사했다.

(18) a. The student forgot the solution was in the book.
b. The student hoped the solution was in the book.

이들 문은 (14)처럼 동사의 직후에 명사구가 입력된 시점에서, 그 명사구가 동사의 목적어라는 분석과 보문의 주어라는 분석이 가능한 일시적인 통사적 애매문(曖昧文)이다. (18a)(=(14))의 *forgot*은 보문보다도 목적어와 빈번하게 공기(共起)하는 동사이지만, (18b)의 *hoped*는 반대로 보문과 보다 더 빈번하게 공기하는 동사이다. 실험 결과, (18a)(=(14))는 위에서 이미 언급한 것처럼 보문표식에 의해 모호성이 해소된 (16)에 비해 *was* 이후의 독해 시간이 길었다. 그러나, (18b)는 대응하는 보문표식이 있는 문과 *was* 이후의 독해 시간에 차이가 없었다. 이것은 어휘의 빈도(하위범주화틀 간의 상대적인 사용 빈도)가 통사해석에 영향을 미친다는 것을 시사하고 있으며, 오인 현상 이론처럼 통사해석의 초기 단계에서는 통사 정보만이 이용된다는 이론으로는 설명하기 어렵다.

Altman et al(1998)은 간접의문문으로 만들어진 문맥이 문해석(文解析)에 미치는 영향을 조사했다. 앞에서 언급한 것처럼 문맥이 부여되지 않을 때에는 부사가 내포문을 수식하는 (17a) 보다도 부사가 주문을 수식하는 (17b)가 부사 부분의 독해 시간이 길다. 하지만, 부사가 주문을 수식하는 문이 이어질 것이라 예상하게 하는 (19)와 같은 간접의문문을 (17a, b) 앞에 삽입한 결과, 부사 부분의 독해 시간의 관계가 역전되어, 부사가 내포문을 수식하는 (17a)의 부사 부분의 독해 시간이 길어졌다.

(19) The committee members wonder when Fiona will implement the plan she proposed.

이 결과는 문맥이 통사해석의 이른 단계에서 영향을 미친다는 것을 시사한다.

이처럼 지금까지의 연구에서 통사 정보뿐만 아니라 어휘빈도나 문맥 정보도 빠른 단계에서 통사해석에 영향을 미친다는 사실이 밝혀졌다. 한편, 문의 의미 정보나 운율(韻律) 정보가 문해석의 초기 단계에 미치는 영향은 그렇게 확실하지가 않다. 예를 들면, (20a)는 *examined*가 입력된 시점에서 *examined*가 주문의 동사라는 분석과 축약 관계절(=(21)의 *that was*가 생략된 관계절)이라는 분석이 가능한 일시적인 통사적 애매문이다. 이 두 가지 분석 중 *examined*의 시점에서는 주문 해석이 선호되지만, *by the lawyer*가 입력된 시점에서 이 분석이 틀렸다는 것을 깨닫고 처리 부담이 상승한다(오인 현상 효과).

(20) a. The defendant examined by the lawyer turned out to be unreliable.
b. The evidence examined by the lawyer turned out to be unreliable.

(21) The defendant/evidence that was examined by the lawyer turned out to be unreliable.

마찬가지로 (20b)도 *examined*의 입력 시점에서 통사적으로 두 가지 가능성이 허용된다. 그러나, *evidence*는 의미상으로 *examined*의 동작주로는 부적절하므로 만약, 문의 의미가 자연스러운지 아닌지가 통사해석의 초기 단계 처리에 영향을 미친다면, 그러한 의미적인 단서가 없는 (20a)에 비해 의미적 단서가 있는 (20b)의 오인 현상 효과가 작아질 것으로 예측된다. 이 예측을 검증하기 위한 연구가 있었지만, 모두 의미적 정보의 영향은 전혀 없거나, 있어도 아주 작다는 결과였다(e.g. Rayner, Carlson, and Frazier 1983, Hoeks et al 2006). 또한, 문법성 판단이나 뇌파(ERP)를 지표로 한 연구에서 의미 정보가 통사 정보보다 늦게 처리된다는 것을 시사하는 결과가 발표되었다(McElree and Griffith 1995, Hagoort 2003). 문의 통사구조가 결정되어야만 문의 의미가 결정된다고 하면 통사처리가 의미처리보다 선행한다는 실험 결과는 당연한 것이라고 할 수 있겠다.

운율 정보에 대해서는 실험적으로 통제된 환경에서는 아주 빠른 단계에서 문해석에 이용된다는 사실이 밝혀졌다(e.g. Snedeker and Trueswell 2003). 그러나, 동시에 발화(發話) 속에 반드시 통사해석에 유효한 운율 정보가 안정적으로 포함되어 있다고 할 수 없다는 사실과 그러한 이유로 특히 자연 발화에서는 운율 정보가 반드시 통사해석에 유효하게 기능하지는 않는다는 사실도 밝혀졌다(e.g. Albritton, Mckoon, and Ratcliff 1996).

요약하면, 통사해석의 이론에는 통사해석의 제1단계에서는 통사 정보 만이 이용되고 빈도나 문맥, 의미 등과 같은 통사 이외의 정보는 제2단계에서 이용된다고 하는 모듈러설과 통사 정보에만 국한되지 않고 의미, 문맥, 빈도 등 관련이 있는 정보는 무엇이든 입력되는 대로 곧바로 통사해석에 이용된다는 상호작용설이 있다. 지금까지의 연구에서 통사 정보뿐만 아니라 어휘빈도나 문맥 정보 등, 동사 정보 이외의 정보도 통사해석의 '비교적 빠른 단계'의 처리에 영향을 미친다는 것을 시사하는 경험적 사실이 축적되었다. 상호작용설의 지지자들은 이런 것들이 상호작용설의 증거라고 주장하고 있다. 한편, 모듈러설의 지지자들은 상호작용설이 말하는 '비교적 빠른 단계'라는 것은 통사해석의 초기 단계가 아닌 제2단계이며, 상호작용설의 지지자들이 사용하고 있는 실험 방법이 통사해석의 초기 단계의 처리에 미치는 영향과 제2단계의 처리에 미치는 영향을 준별(峻別)할 만큼의 시간 분해 능력을 갖추지 못했다고 반론하고 있다. 또한, 오인 현상 이론으로도 제약 만족 이론으로도 설명할 수 없는 실험 연구가 발표되는(e.g. Van Gompel et al 2005) 등 앞으로 더 많은 연구가 필요하겠다.

3.3 '이동'된 요소는 어떻게 이해되는가?

영어의 목적어는 일반적으로 동사 뒤에 위치하지만, (22)는 동사 buy의 목적어 what이 문두(文頭)에서 발음된다. 이렇게 문법 기능상의 위치와 발음상의 위치가 어긋나는 현상을 이동(movement) 또는 전이(displacement)라고 한다. 전이문(轉移文)에서 발음상의 위치에 나타나는 요소(예를 들어 (22)의 *what*)를 선행사(antecedent) 또는 필러(filler)라고 부르며, 그에 대응하는 문법 기능상의 위치((22)의 밑줄 부분)를 공소(gap)라 부른다. 생성문법 이론(e.g. Chomsky 1995)에서는 전이문의 통사구조(=뇌내 통사 표상(表象))에는 공소 위치에 발음은 되지 않지만, 필러와 거의 같은 성질을 갖는 흔적(trace)이라 불리는 요소가 존재하는 것으로 간주한다.

(22) What did you buy ___?

전이는 인공 언어나 동물의 커뮤니케이션 수단에서는 찾아볼 수 없고, 인간의 자연 언어에만 존재하는 특유한 성질이다. 이 때문에 전이는 인간의 언어능력을 해명하기 위한 열쇠가 되는 아주 중요한 현상 중의 하나이다. 그래서 본 절(節)에서는 전이문을 이해할 때의 통사처리에 대해서 고찰한다.

필러는 공소와의 대응이 이루어지지 않으면 문법 관계나 의미 역할이 정해지지 않는다. 그래서 전이를 포함하는 문을 이해할 때는 필러와 공소의 의존 관계(filler-gap dependency)를 결정하는 처리, 즉, 공소보충해석(gap filling parsing)이 필요하다. 지금까지의 연구에서 입력된 요소가 필러라고 판명되면 곧바로 대응하는 공소를 능동적으로 찾는 처리가 시작된다는 사실이 밝혀졌다. 예를 들면, (23a)를 이해할 때는 의문사 *what*이 입력된 시점에서 능동적으로 공소를 찾는 처리가 시작된다. 전치사 *about*이 입력되면, 해석 장치는 이 전치사의 목적어 위치에 *what*의 공소를 삽입하려고 한다. 그러나, 실제로는 예상과는 달리 *about* 다음에 *Greg's*가 입력되어 *what*이 *about*의 목적어가 아니라는 것이 판명되고 일종의 깜짝 효과가 발생해 처리 부담이 커진다. 이러한 현상을 만석(滿席) 효과(filled gap effect)라고 한다.

(23) a. The teacher asked what the team laughed about Greg's older brother fumbling.
b. The teacher asked if the team laughed about Greg's older brother fumbling the ball.

이에 반해, 의문사를 갖지 않는 (23b)에서는 공소를 찾는 처리가 불필요하므로 *Greg's*의 위치에서 만석 효과는 일어나지 않고, 처리 부담도 커지지 않는다. 이 때문에 *Greg's*에 대한 독해 시긴은 (23a)가 (23b)보다도 길어진다(Stowe 1986). 또한, 만석 효과는 공소의 후보가 소위 이동의 섬(island) 안에 있을 때는 일어나지 않는다. 예를 들면, 일반적으로 주어에서 의문사를 추출할 수 없지만(즉, 주어는 섬(island)이다), (24a)처럼 공소의 존재, 즉 공소가 존재하는지 아닌지의 단서가 되는 *about*이 주어 내에 있을 때는 *Greg's*의 독해 시간은 의문사의 이동을 포함하지 않는 (24b)와 차이가 없다.

(24) a. The teacher asked what the silly story about Greg's older brother was supposed to mean.
b. The teacher asked if the silly story about Greg's older brother was supposed to mean anything.

이것은 공소보충해석에서 문법적으로 가능한 구조 만이 후보가 된다는 사실을 보여주고 있다. 즉, 문 처리의 빠른 단계에서 문법의 제약이 온라인상에서 기능하고 있음을 보여준다(cf. Phillips 2006).

이처럼 해석 장치는 필러를 발견하는 즉시 문법적으로 가능한 공소의 후보를 능동적으로 찾아가는 처리를 시작한다. 그렇다면, 해석 장치는 왜, 즉시 공소를 찾으려고 할까? 이에는 크게 두 가지 가능성이 지적된다. 공소를 능동적으로 찾는 것은 필러와 공소의 거리를 가능한 한 짧게 하기 위함이라는 설(說) (Frazier and Clifton 1989, De Vincenzi 1991)과 필러는 의미 역할의 부여 등 각종 문법적 제약이 충족되지 않으면 해석이 불가능하므로 해석 장치는 그러한 제약을 가능한 한 빨리 충족시키기 위해서 능동적으로 공소를 찾으려고 한다는 설(e.g. Prichett 1992, Gibson, Hickok, and Shütze 1994)이다. 여기서는 편의상, 전자(前者)를 **최단거리설**, 후자(後者)를 **조기 충족설**이라 부르기로 한다. 이 두 가지 설(說)은 영어처럼 주요부(主要部) 선행형(先行型) 언어에 대해서는 같은 예측을 하므로 주요부 선행형 언어의 자료를 토대로 해서 경험적으로 구별하는 것은 불가능하다. 그래서, Aoshima, Phillips, and Weinberg(2004)는 주요부 후속형(後續型) 언어인 일본어를 사용하면 어느 쪽 설(說)이 타당한가를 밝힐 수 있다고 생각했다.

예를 들면, (25a)처럼 문 첫머리에 여격(與格) 의문사구가 출현하는 복문(複文)을 읽고 이해할 때에 대해 생각해보자.

(25) a. どの社員に 専務は 社長が会議で 課長に 昇給を 約束したと言いましたか？
(어느 사원에게 전무는 사장님이 회의에서 과장에게 승급을 약속했다고 말했습니까?)

b. どの社員が 専務に 社長が 会議で 課長に 昇給を 約束したと言いましたか？
(어느 사원이 전무에게 사장님이 회의에서 과장에게 승급을 약속했다고 말했습니까?)

의문사구인 ‘どの社員に(어느 사원에게)’에 이어 주문(主文)의 주어인 ‘専務は(전무는)’이 입력되면, 그 시점에서 이 문이 뒤섞기문(scrambled sentence)임을 깨닫고, 주어의 바로 다음에 공소가 삽입된다. 이 위치는 의문사구에 가장 가까운 공소 후보의 위치이기 때문에 최단거리설에 따른다면, 이것으로 공소보충해석은 끝나고, 그다음에 보문의 요소가 입력되더라도 재해석 등은 발생하지 않으며, 원활하게 해석이 진행된다. 한편, 조기 충족설에 따른다면 주문 주어의 입력 시점에서 주문 주어의 뒤에 공소가 삽입된 다음, 보문 요소가 입력되고 복문이라는 사실이 판명되면, 해석 장치는 보문 내에 ‘どの社員に(어느 사원에게)’에 대응하는 공소를 삽입하려고 한다. 왜냐하면, 주요부 후속형인 일본어는 주문의 동사보다도 보문의 동사가 먼저 출현하기 때문에 필러에 대응하는 공소가 보문의 요소라고 상정(想定)하는 편이 필러와 공소에 대한 의미 역할 부여 등의 문법적 제약을 빨리 충족시킬 가능성이 크기 때문이다. 그러나 (25a)에서는 해석 장치의 예상과는 반대로 보문에 여격(與格) 명사구인 ‘課長に(과장에게)’가 출현한다. 일반적으로 하나의 절에 복수의 여격 목적어가 등장하는 일은 없으므로 이 시점에서 ‘どの社員に(어느 사원에게)’가 보문의 요소가 아님을 깨닫고, 영어의 만석(滿席) 효과를 닮은 일종의 깜짝 효과가 발생한다. 따라서 조기 충족설은 ‘課長に(과장에게)’의 입력 후에 처리 부담이 커져 해석 시간이 길어질 것으로 예측된다. 앞에서 말한 최단거리 가설에서는 이러한 보문 내에서의 일본어판 만석(滿席) 효과로 인한 처리 부담의 증가는 예측되지 않는다.

Aoshima, Phillips, and Weinberg(2004)는 이 두 가지의 다른 예측

을 검증하기 위해 (25a, b)와 같은 실험문을 이용해 각각의 문절(文節)을 제시하는 문 독해(文讀解) 실험을 실시했다. 그 결과 여격 의 문사구의 뒤섞기 이동을 포함하는 (25a)가 뒤섞기 이동을 포함하지 않는 (25b)에 비해 보문(補文)의 여격 명사구 '課長に(과장에게)'의 독해 시간이 통계적으로 유의미하게 길었다. 이 결과는 조기 충족설의 예측과는 일치하지만, 최단거리설의 예측과는 일치하지 않는다. 이 실험과 관련하는 다른 실험 결과를 통해 Aoshima, Phillips, and Weinberg(2004)는 공소 후보지의 능동적인 탐색은 필러와 공소 사이의 거리를 짧게 하기 위해서가 아니라, 필러와 공소에 관여하는 문법적 제약을 가능한 한 조기에 충족시키기 위해 실행되는 것이라고 결론지었다.

지금까지의 내용을 요약하면, 해석 장치는 전이문(轉移文)의 필러가 동정(同定)되는 즉시, 곧바로 공소를 찾는 처리를 시작한다. 이것은 필러(filler)와 공소(空所)의 거리를 짧게 하기 위해서가 아니라, 필러와 공소에 관여하는 문법적 제약을 가능한 한 빨리 충족시기키 위한 것이라 추정된다. 앞으로는 공소보충해석을 구동(驅動)하는 '문법적 제약'이 구체적으로 어떠한 것인지에 대한 해명이 필요하겠다 (cf. Yoshida 2006).

4. 앞으로의 전망

이상과 같이, 제1차 인지 혁명 이후 과거 50년 동안 문의 산출과정과 이해과정에 대한 해명은 착실하게 진전되어 왔다. 특히 근년에 들어서 눈에 띄게 연구가 진전되었지만, 그에 따르는 몇 가지 과제도 발견되었다. 우선 지금까지의 연구는 압도적으로 영어(또는 영어와 계통적으로, 유형적으로 닮은 소수의 언어)를 대상으로 한 것이 대부분이었다. 그러나, 개념의 추출 난이도가 문형 선택에 어떤 영향을 미치는지(2.2절), 이동된 요소는 어떻게 이해되는지(3.3절)에서 살펴본 영어 이외의 언어를 이용한 연구에서 밝혀진 것처럼, 언어를 주관하는 인지 시스템의 성질 중에는 영어만으로는 알아내기 힘든, 혹은 원리적으로 알 수 없는 중요한 사항이 수없이 많이 존재한다. 따라서 앞으로는 영어와는 그 성격이 다른 언어(수화도 포함해서)를 이용한 통언어적(通言語的) 연구를 지속적으로 진행해 갈 필요가 있겠다.

두 번째로 지금까지의 연구는 어떤 특정 요인이 언어 처리에 영향을 미치는지 아닌지, 미친다면 어느 타이밍에서 그 영향이 나타나는지를 문제시하는 '정성적(定性的)'인 연구가 대부분이었다. 그러나, 개념접근 가능성이 기능처리와 위치처리 모두에게 동시에 영향을 미칠 가능성(2.2)이나 구조 프라이밍의 원인이 산류 활성화에 의한 것인지, 잠재 학습에 의한 것인지에 대한 논의(2.3), 문이해(文理解)에서 모듈러설과 상호작용설 간의 논쟁(3.2), 그리고 전이문(轉移文)의 처리에 있어서 문법 반영의 타이밍(3.3) 등, 현재 중요한 연구 테마는 복수 요인의 복잡한 상호 작용을 문제시하는 것이 많으며, 정성적(定性的)인 연구만으로는 더 이상 대응할 수 없게 되었다. 앞으로는 예를 들면, 시뮬레이션을 이용하는 등, 개개 요인과 그들의 상호 작용을 '정량적(定量的)'으로 포착하는 연구가 한 층 더 중요시될 것이다.

세 번째로 지금까지는 언어산출(産出)과 언어이해 연구가 따로따로 실시된 것이 많았다. 그러나, 구조 프라이밍이 언어산출 과정뿐만 아니라 이해과정에서도 관찰된다는 사실(Pickering and Garrod 2007) 등을 여기에서 굳이 언급할 필요도 없이, 언어를 이용한 커뮤니케이션은 화자와 청자가 서로 영향을 주고받는 유기적인 과정으로, 단순히 따로따로인 산출과 이해를 결합해 놓은 것이 아니다. 앞으로는 산출과 이해의 과정을 일체(一體)화해 탐구하는 생태학(ecological)적인 연구의 진전이 기대된다.

또한, 본 장에서는 언급하지 않았지만 종래의 언어획득과 상실(모국어 획득, 제2언어 습득, 언어장애 등)의 연구에서는 주로 언어 지식의 획득과 상실을 문제로 다루고 있었지만, 최근에는 지식이 아닌 처리 과정의 발달과 쇠퇴라는 관점에서 바라본 연구의 유효성이 주목을 받고 있으며, 앞으로도 더욱 큰 발전이 기대된다.

마지막으로 언어는 언어학, 심리학, 뇌과학 등 추상도가 다른 다양한 시점에서 연구가 진행되고 있다. 언어학은 시간이나 공간을 사상(捨象)한 추상도가 높은 레벨이며, 심리학은 시간 축을 도입한 좀 더 구체성(具體性)이 높은 레벨이다. 그리고 뇌과학은 시간 축과 합께 공간의 개념까지 도입한 보다 더 구체적인 레벨로, 각각의 분야에서 언어를 주관하는 인지 시스템의 해명을 위해 고군분투하고 있다. 지금까지는 각각의 분야/레벨에서 별개로 연구가 진행되어 왔지만, 각 분야/레벨의 연구성과를 유기적으로 관련시킬 필요성이 인식되면서 언어 인지 뇌과학이라 불리는 학제적(interdisciplinary, 學際的)인 접근 방법이 확립되어 가고 있다.

제4장

언어산출과 이해의 신경기반

1. 음성 인식

'음성 언어를 이해할 때는 귀를 통한 청각 신호를 토대로 음소나 음절을 동정(同定)하고, 그들을 통합한 정보를 이용해 어휘 정보에 액세스한다'는 지극히 '상식적'인 생각에 따른다면, 음성 지각(speech perception, 음소나 음절의 변별/동정)은 음성 인식(speech recognition, 청각 신호를 토대로 어휘 정보를 끄집어내기까지의 연속된 처리)의 일부분이다. 따라서, 음성 지각에 장애가 발생하면 음성 인식도 장애를 입게 될 가능성이 크다. 하지만, 실제로는 음성 지각과 음성 인식은 소위 이중 괴리(double-dissociation)를 보이곤 한다. 즉, 뇌 손상으로 인해 음소/음절의 동정/변별은 가능하지만, 단어의 의미를 이해하지 못하는 증상을 보일 때와 그와는 반대로 음소/음절의 동정/변별은 하지 못하지만, 단어의 의미는 이해할 수 있는 증상을 보일 때가 있다.

본 절에서는 음성처리를 주관하는 신경 네트워크에 대해 개관하고, 얼핏 모순처럼 비치는 이러한 현상들이 발생하는 구조에 대해 고찰한다.

【청각 피질(Auditory Cortex)】 공기의 진동으로 귀에 도달한 음성은 안쪽 귀(內耳)에서 전기적인 청각 신호로 변환된 뒤, 시상(視床)의 내측 무릎체(內側膝狀體) 등을 거쳐 대뇌의 헷슬회(HG, heschl's gyrus, 일차 청각 피질)에 도달한다. 헷슬회(HG)에서 측두평면(PT, planum temporale, 側頭平面)과 일차 청각 피질이 있는 상측두회(STG, superior temporal gyrus, 上側頭回)에 걸친 영역에서 청각 신호의 주파수 특성과 시간 특성의 분석이 이루어진다([그림 4-1]). 인접하는 상측두구(STS, superior temporal sulcus, 上側頭溝)는 실재어(實在語)에서 자주 사용되는 음의 조합에 강하게 반응한다는 사실로부터 어휘 레벨의 음운처리가 이루어지는 것으로 보여진다.

헷슬회(HG)에서 상측두구(STS)에 걸친 음성처리는 양쪽의 대뇌반구에서 이루어지며, 양쪽의 상측두엽(STL, superior temporal lobe, 上側頭葉)에 손상을 입으면 음성 지각에 심각한 장애(청각성 실어, word deafiness)가 발생한다. 하지만 한쪽만 손상을 입었을 경우에 이러한 장애가 발생하는 일은 극히 드물다. 단, 좌우 반구는 그 역할이 약간 다르며, 음소(音素)의 범주 지각 등 분절음의 처리(시간상으로 빠른 변화)는 좌뇌 우위(左腦優位)이고, 음절 경계나 운율(韻律) 등의 초분절적 특성의 처리(시간상으로 느린 변화)는 우뇌 우위(右腦優位)로 행해진다.

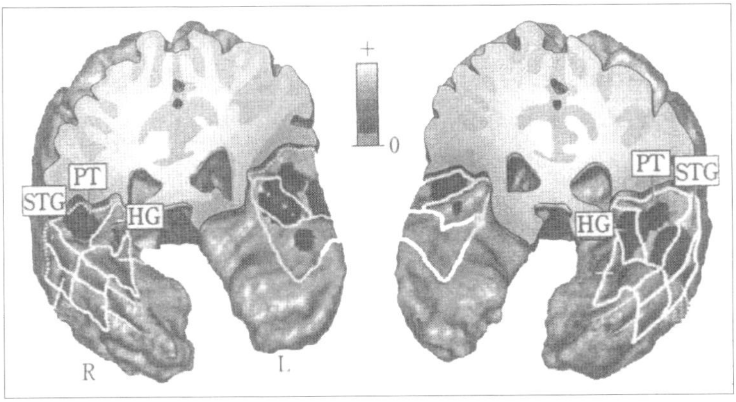

[그림 4-1] 모음 [i]에 대한 청각 피질의 활성화 (Guenther et al 2004를 일부 변경)

【이중 경로 모델(dual-stream model)】 음성 언어 처리에는 지금 설명한 넓은 의미에서의 청각 피질과 함께 복측로(ventral stream, 배쪽 경로, 腹側路)와 배측로(dorsal stream, 등쪽 경로, 背側路)라 불리는 2종류의 신경 네트워크가 관여하고 있는 것으로 보인다(이중 경로 모델([그림 4-2 a, b])) (Hickok and Poeppel 2007). 복측로(배쪽 경로)는 청각 피질에서 중측두회(MTG, middle temporal gyrus, 中側頭回) 후부(後部)와 측두엽(temporal lobe, 側頭葉) 전부(前部)를 거쳐 하전두회(IFG, inferior frontal gyrus, 下前頭回)의 삼각부(pars triangularis, 三角部)/안와부(pars orbitalis, 眼窩部)로 연결되는 좌우 양측의 경로로 의미 이해를 위한 음성 신호 처리를 담당한다. 배측로(동쪽 경로)는 양쪽의 청각 피질에서 좌뇌 두정(頭頂) 판개부(pars opercularis, 瓣蓋部)로 분기해, 좌측의 진두엽 후부(운동 전피질 배측부/하전두회 판개부)로 연결되는 경로로 청각 신호를 전두엽(前頭葉)에서 조음(調音)에 사용되는 운동 표상으로 변환하는 역할을 한다.

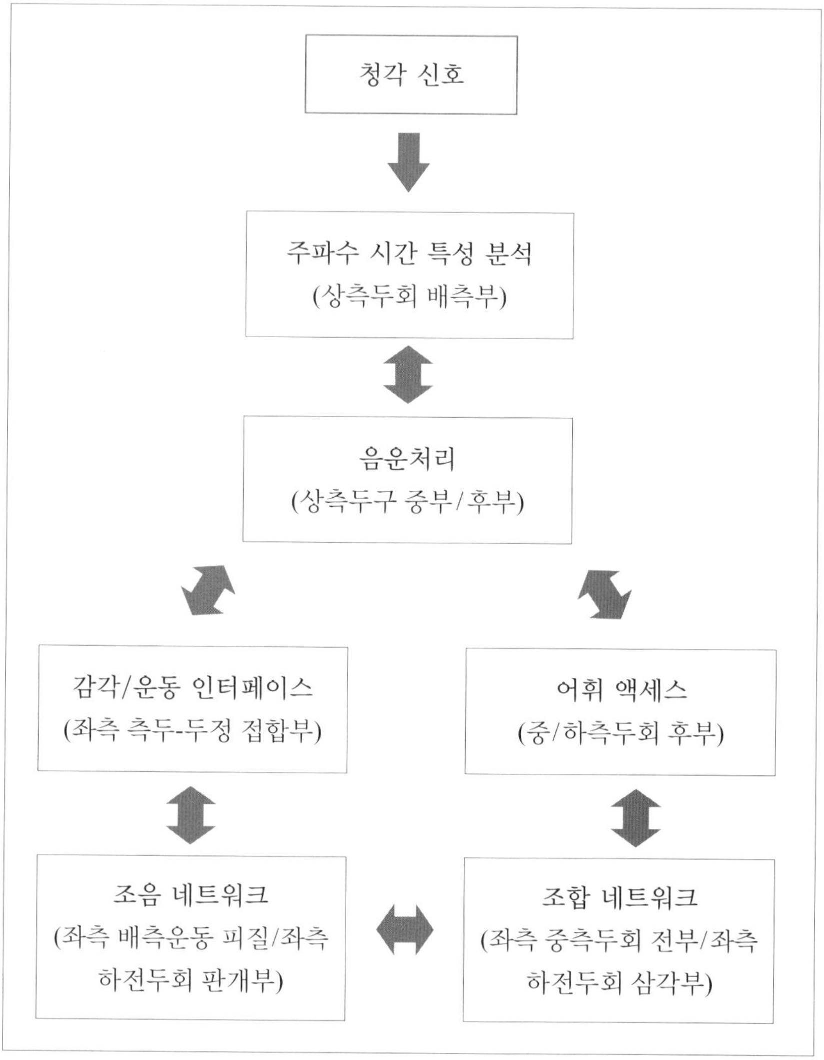

[그림 4-2a] 음성처리의 이중 경로 모델

(상측두회(STG, superior temporal gyrus, 上側頭回), 중측두회(MTG, middle temporal gyrus, 中側頭回), 하측두회(ITG, inferior temporal gyrus, 下側頭回), 하전두회(IFG, inferior frontal gyrus, 下前頭回), 배측부(dorsal, 背側部), 측두-두정 접합부(TPJ, temporoparietal junction, 側頭-頭頂接合部), 삼각부(pars triangularis, 三

角部), 판개부(pars opercularis, 瓣蓋部), 운동 피질(motor cortex, 運動皮質), 전부 (anterior region, 前部), 중부(middle portion, 中部), 후부(posterior region, 後部))

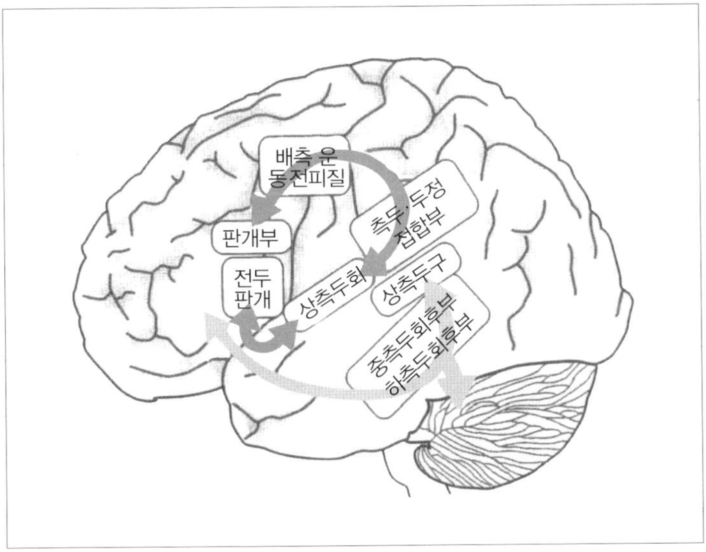

[그림 4-2b] 음성처리의 신경 네트워크

(배측 운동 전피질(dorsal premotor area, 背側運動前野), 판개부(pars opercularis, 瓣蓋部), 전두판개(frontal operculum, 前頭瓣蓋), 상측두회(superior temporal gyrus, 上側頭回), 측두-두정 접합부(temporoparietal junction, 側頭-頭頂接合部), 상측두구(superior temporal sulcus, 上側頭溝), 중측두회 후부(posterior middle temporal gyrus, 中側頭回後部), 하측두회 후부(posterior inferior temporal gyrus, 下側頭回後部))

【복측로(ventral stream, 배쪽 경로, 腹側路)】양쪽의 중측두회(MTG, 中側頭回) 후부와 그 주변은 심내사전(mental lexicon)에 액세스하는 역할을 한다. 심내사전이란 대뇌의 어휘 항목(형태소, 단어, 관용구 등)에 관한 정보의 총체이다. 각 어휘 항목에 대해 적어도 의미, 통사, 음운, 철자 등의 정보가 네트워크를 형성하고 있으며, 측두엽에서 두정엽에 걸친 넓은 범위에 분포하고 있는 것으로 보인다. 중측두회 후부와 그 주변 영역은 청각을 통해 언어를 이해할 때 상측두구(superior temporal sulcus, 上側頭溝)의 음운 정보를 토대로 단어의 의미 정보를 추출하는 역할을 한다.

양쪽 측두엽 후부에 손상을 입으면 청각을 통한 단어 이해에 장애가 발생하지만 좌우 어느 한 쪽만 손상을 입었을 경우, 자주 사용하는 짧은 단어에 대한 이해에 미치는 영향은 미미하다. 하지만, 손상부위가 좌측두엽 후부일 경우에는 어휘 분해(lexical decomposition, 단어를 복수의 형태소로 분해하는 조작)가 필요한 형태적으로 복잡한 단어를 처리하는 데 큰 어려움을 겪게된다. 이처럼 심내사전에 대한 액세스는 양쪽의 측두엽 후부가 관여하고 있으나, 좌우의 역할에는 약간의 차이가 있다.

측두엽 후부는 중종속(MdLF, middle longitudinal fascicles, 中縱束)에 의해 측두엽 전부(前部), 최외포(extreme capsule, 最外包), 도(insula, 島), 하전두엽 삼각부(pars triangularis, 三角部)/안와부(pars orbitalis, 眼窩部)와 연결되어 있다(Saur et al 2008). 이들의 전방 영역은 전략적 어휘 검색이나 통사, 문장이해 등 보다 더 고차적인 처리에 깊이 관여한다.

【배측로(dorsal stream, 등쪽 경로, 背側路)】청각 피질은 궁상속(arcuate fasciculus, 弓狀束)과 상종속(SLF, superior longitudinal fasciculus, 上縱束)에 의해 운동 전피질(premotor cortex, 運動前野) 배측부와 하전두회(inferior frontal gyrus) 판개부(pars opercularis)로 연결되어 있다(Saur et al 2008). 음성처리를 담당하는 배측로에서 이른바 중계점으로 기능하고 있는 것이 가쪽고랑(lateral sulcus, 실비안 주름) 맨 뒤쪽에 위치하는 측두-두정 접합부(temporoparietal junction, 側頭-頭頂接合部)이다. 측두-두정 접합부는 청각 피질의 처리과정에서 얻은 감각 표상과 전두엽에서 조음 기관에 지령을 보내는 데 사용되는 운동 표상을 통합해, 양쪽을 대응시키거나 변환시키는 기능을 맡고 있다. 왼쪽 측두-두정 접합부에서 상측두회 배측부에 걸친 손상으로 인해 청각 이해는 양호하지만 발화(發話) 산출 시에 음운레벨의 에러가 빈번하게 발생하는 전도성 실어증(conduction aphasia, 傳導性失語症)이 나타나는 경우가 있다.

청각 피질이나 복측로와는 달리 배측로에서 이루어지는 음성 처리는 좌뇌의 우위성이 높다. 예를 들면, 의미가 없는 단어(무의미어)를 들은 다음에 마음 속으로 그 단어를 반복하게 하는 과제를 부여하면 청취할 때와 반복할 때에 양쪽의 하측두구(inferior temporal sulcus) 후부를 포함한 좌측의 측두-두정 접합부와 전두엽 후부의 활동이 공통적으로 관찰된다. 이 과제에서는 배측로와 더불어 상측두회(STG) 전부에서 구상속(uncinate fasciculus, 鉤狀束)을 걸쳐 전두(前頭) 판개(瓣蓋)를 통하는 경로에서도 활동이 관찰된다 이 경로도 또한 복측로라고 불리는 경우가 있다. 이 경로는 기능적으로는 복측로보다 배측로와 밀접하게 관련하며 음성이나 단어의 배열 순서를 예측/모니터 한다.

배측로는 유아의 언어발달 과정에서 주위에서 들려오는 음성과 자발(自發) 음성의 차이를 인식해 조음 기관의 운동을 조정해 가는데 꼭 필요하다. 또한, 음성의 감각 표상과 운동 표상의 변환을 반복함(리허설)으로써, 언어성 작업기억(verbal working memory)의 기능을 제공한다. 언어성 작업기억에 대한 부담이 적을 때는 청각 피질이 활동하고, 부담이 커지면 청각 피질과 함께 좌측의 측두-두정 접합부와 좌측의 전두엽(前頭葉) 후부의 활동이 활발해진다. 예를 들어, 음절의 첫 번째 자음이 같은 지 다른 지를 판단하는 음소변별 과제에서 *dip*과 *tip*처럼 운율적이며 단순한 한 쌍의 단어를 구별(변별)할 때에는 양쪽의 상측두회(上側頭回)에서만 활동이 관찰되고, *dip*과 *ten* 처럼 운율을 띄지 않는 복잡한 한 쌍의 단어를 구별(변별)할 경우에는 상측두회와 함께 좌뇌의 두정엽 하부, 전두엽 하부의 활동이 관찰되었다는 보고도 찾아볼 수 있다.

【패러독스】 좌뇌 상측두회 후부(後部)나 전두엽 후부에 손상을 입으면, 앞에서 언급했던 것처럼 '음성 지각은 불가능하지만, 음성 인식은 가능하다'는 얼핏 모순된 증상을 보이는 경우가 있다. 이러한 패러독스는 음성처리의 이중 경로 모델(dual-stream model)을 토대로 다음과 같이 설명할 수 있다(Hickok and Poeppel 2007). 음소/음절을 동정/변별하는 음성 지각 과제를 해결하기 위해서는 청각 피질의 처리에서 감각 표상을 얻는 것만으로는 불충분하며, 분절화하거

나 결합, 비교하는 동안에 감각 표상을 작업기억에 일시적으로 보관해 둘 필요가 있다. 이중 경로 모델에 따르자면, 배측로가 이러한 처리를 맡고 있으며 배측로의 일부인 좌뇌 상측두회 후부나 전두엽 후부에 손상을 입으면 음성 지각에 관한 과제를 수행할 수 없게 된다. 좌우 어느 한쪽의 청각 피질과 복측로가 정상이라면 청각 피질에서 출력된 감각 표상을 토대로 복측로에서 심내사전에 액세스해, 음성 인식에 관한 과제를 해결하는 것은 가능하다.

2. 문자 인식

대뇌에 손상을 입으면 지능이나 학습 능력에는 문제가 없지만, 기록된 문자를 읽고 이해하는 데 어려움을 겪는 경우가 있다. 이러한 뇌 기능 장애(후천적)를 난독증((acquired) dyslexia)이라고 한다. 난독증에는 다양한 하위 타입이 있다. 예를 들면, 음운 실독(phonological disylexia)의 경우, 한자로 쓰여진 단어 '家庭'은 소리내어 정확히 읽을 수 있지만, 한자보다도 간단한 히라가나로 쓰여진 비단어(非單語) 'くさろ(구사로)'는 읽지 못한다. 반면에 표층 난독증(surface dyslexia)은 'くさろ(구사로)'는 읽을 수 있지만, '家庭'은 읽지 못한다.

본 절에서는 쓰여진 문자나 단어의 처리를 주관하는 신경 네트워크에 대해 개관하고, 이처럼 성격이 다른 타입의 난독증이 발생하는 메커니즘에 대해서 고찰한다.

【시각 피질】 문자는 안구 내의 망막에서 전기적인 시각 신호로 변환되어, 주로 시상(thalamus, 視床)의 외측슬상체(LGB, lateral geniculate body, 外側膝狀體)를 거쳐 대뇌 후두엽의 일차시각 피질(primary visual area)에 도달한다. 양쪽의 후두엽에 위치하는 설상부(cuneus, 楔狀部)와 조거구(sulcus calcarinus, 鳥距溝), 그리고 그 주변의 시각 피질은 시각적인 자극의 물리적인 특징을 해석하는 영역으로, 물리적으로 복잡한 자극에 대해 더 강하게 반응한다. 시각 피질은 시각적인 자극이 제시된 후 약 80-100 ms 사이에 반응을 나타

낸다. 그 후, 양쪽의 후두/측두 복측(後頭/側頭復側)으로 반응 범위가 확대되고, 좌뇌는 점차 문자에 대해 다른 기호와는 차별된 반응을 보이게 된다(Tarkiainen, Cornelissen, and Salmelin 2002).

【좌뇌의 방추상회(fusiform gyrus, 紡錘狀回)】 문자 정보는 양쪽의 시각 피질에서 교련섬유(commissural fibers, 交連纖維)와 하종속(inferior longitudinal fasciculus, 下縱束)에 의해 좌뇌의 방추상회로 보내진다. 좌뇌의 방추상회는 전방으로 갈수록 처리의 추상도가 커져 단어에 대한 선택성이 높아진다. 자극이 제시된 후 약 170 ms 정도면 좌방추상회 중부(中部)가 반응을 보이기 시작한다. 이 부위(특히, 후두측두구 내부)는 실재어(實在語)에서 자주 사용되는 문자의 조합에 대해 강하게 반응한다([그림 4-3]). 또, 일정 범위내(알파벳 3-6자)에서는 단어의 길이(문자 수)와 상관없이 비슷한 반응을 보인다. 게다가, 반복 프라이밍(priming)에서 프라임(prime)과 타겟(target)이 대문자(RAGE)인지 아니면 소문자(rage)인지가 일치하지 않더라도 거의 비슷한 프라이밍 효과를 나타낸다 이처럼 좌방추상회 중부는 문자의 표면적인 특징의 차이를 사상(捨象)한 추상적인 레벨에서 문자열의 표상을 처리하는 것으로 간주된다. 그래서, 이 영역을 시각성 단어 형상 영역(VWFA, visual word form area)이라 부른다(Cohen and Dehaene 2004).

좌방추상회 또는 양쪽의 시각 피질과 좌방추상회를 연결하는 경로에 손상을 입으면, 문자/단어를 빠르게 해독하지 못하게 되고, 문자들 하나하나 천천히 읽는 축차 읽기(letter-by-letter reading)가 특징인 난독증이 나타나기도 한다.

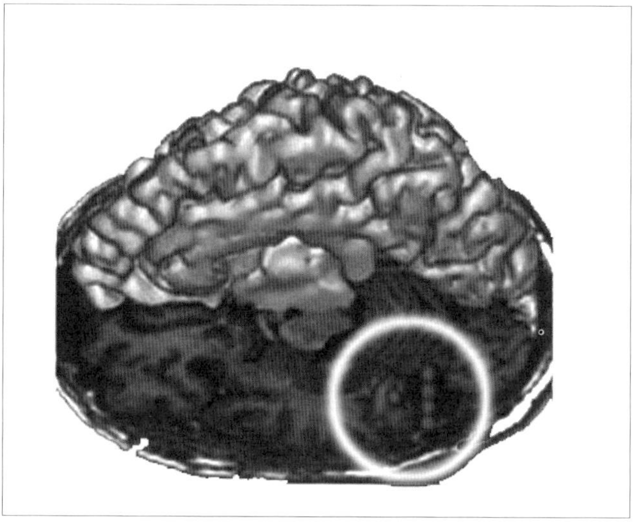

[그림 4-3] 단어에 반응하는 좌뇌의 방추상회(fusiform gyrus, 紡錘狀回)
(Gaillard et al 2006을 일부 변경)

【이중 경로 이론(dual root theory)】 쓰여져 있는 단어의 의미를 이해하기 위해서는 좌방추상회 중부의 문자/단어의 형상 처리와 함께 심내사전에 접근(액세스)하는 처리가 필요하다. 심내사전에 대한 액세스는 간접 경로(indirect root)와 직접 경로(direct root)라 불리는 두 종류의 신경 네트워크가 관여하고 있는 것으로 알려져 있으며([그림 4-3a, b]), 이중 경로 이론(dual root theory)이라고 불린다(Jobard, Crivello, and Tzourio-Mazoyer 2003). 간접 경로는 방추상회(fusiform gyrus, 紡錘狀回)에서 연상회(supramarginal gyrus, 緣上回)를 거쳐 상측두회와 중측두회 후부(後部)로 연결되는 경로이고, 문자 정보를 음운 정보로 변환해 그것을 토대로 심내사전에 액세스하는 역할을 하며 문자 음운 경로(graphophonological root)라는 별칭을 갖고 있다. 직접 경로는 방추상회에서 중/하측두회 (中/下側頭回) 후부로 연결되는 경로이고, 방추상회에서 얻은 단어 형상의 정보를 이용해 직접적으로 심내사전에 액세스하는 처리를 담당하며 어휘 의미 경로(lexical semantic root)라고 불리기도 한다.

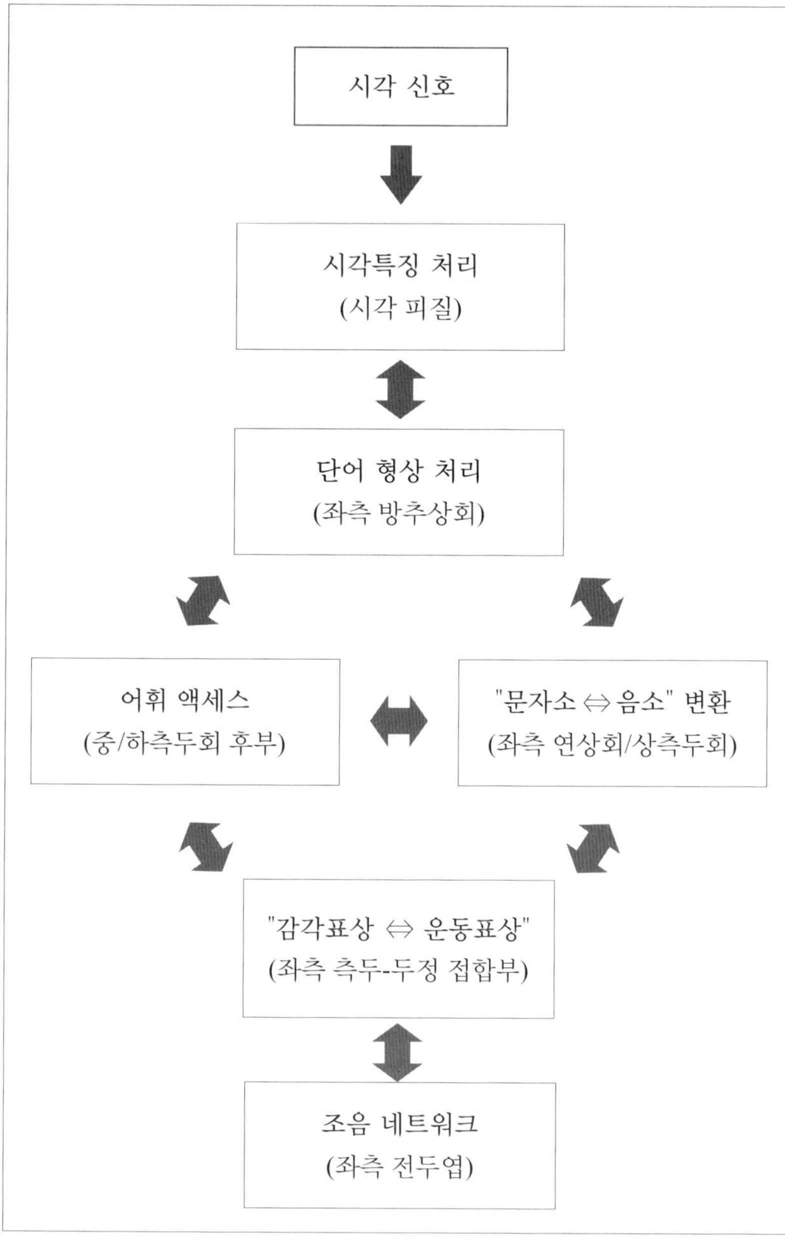

[그림 4-3a] "읽기"의 이중 경로 이론

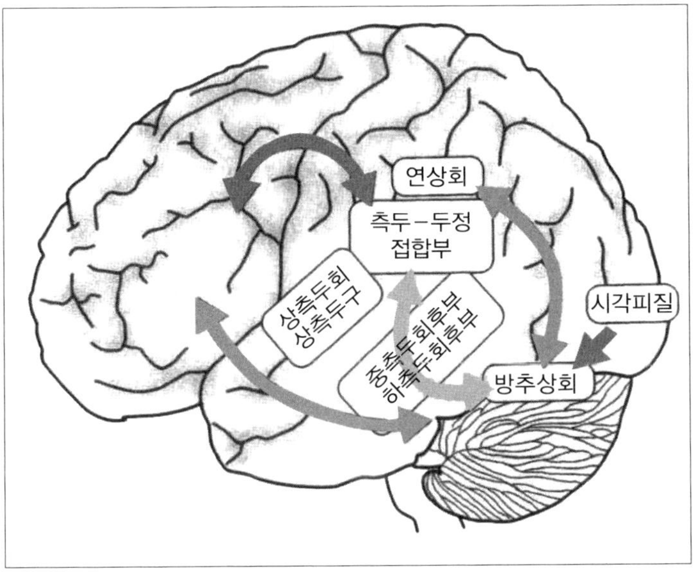

[그림 4-3b] "읽기"의 신경 네트워크

【간접 경로】 '읽기'의 간접 경로에서는 좌뇌 방추상회의 후부/중부에서 인식한 개개의 문자 정보가 후부(後部) 궁상속(arcuate fasciculus, 弓狀束)을 통해 좌뇌의 연상회(緣上回)로 보내진다. 좌뇌의 연상회에서는 문자 정보를 음운 정보로 변화하는 문자소/음소변환(grapheme-to-phoneme conversion)과 개개 문자에 대응하는 음운 정보를 결합해 단어 전체의 음운 표상을 구축하는 처리가 이루어진다. 이 변환을 통해 얻어진 음운 표상은 좌뇌의 중측두회에서 심내사전에 액세스해 단어의 의미 정보를 추출하거나, 전두엽에서 조음 준비를 하는 등의 처리에 사용된다. 연상회 주변은 비단어(非單語)나 문자와 발음의 대응이 규칙적이고 사용빈도가 낮은 단어의 음독과제

에서 특히 강하게 활동한다.

간접 경로는 어린이가 문자 언어를 습득해가는 과정에서 아주 중요한 역할을 한다. 음독 연습을 통해 서서히 문자소/음소변환을 포함한 간접 경로에서의 정보처리가 확립되어 가고, 음독의 향상과 더불어 이 경로가 더욱 활발하게 활동하게 된다. 그 후, 초등학교 3-4학년부터 5-6학년에 걸쳐서 음독 우위에서 묵독 우위로 이행함에 따라 사용빈도가 높은 단어는 점차 직접 경로에서도 처리되게 된다.

간접 경로에 손상을 입으면 음운 난독증이 나타나는 경우가 있다. 음운 난독증이 일어나면 사용빈도가 높은 단어나 철자와 발음의 대응이 불규칙/비전형적인 단어(비전형어)는 읽을 수 있지만, 비단어나 문자와 발음의 대응이 규칙적인 사용빈도가 낮은 단어를 읽는 데 곤란을 겪는다. 예를 들면, 비단어(예: 양이고)를 읽지 못하게 된다거나, 비단어를 문자형태나 음운형태가 비슷한 실재어로 잘못 읽는 어휘화 착오(예: 에키스인→에스키모)를 일으키기도 한다. 간접 경로에서 이루어지는 (1)개개 문자의 인식, (2)문자소/음소변환, (3)단어 전체의 음운 표상 구축 중 어느 기능에 장애가 발생하는가에 따라 증상이 조금씩 다르다. 음운 난독증을 보이더라도 사용빈도가 높은 단어(예: 가정(家庭), 바나나)나 문자와 발음의 대응이 비전형적인 단어(예: 일본어 게라이(家來))를 읽을 수 있는 것은 또 하나의 '읽기' 경로인 직접 경로를 사용할 수 있기 때문에 가능한 일이다.

【직접 경로】 '읽기'의 직접 경로에서는 좌뇌의 방추상회(紡錘狀回) 중부/전부에서 얻은 단어 형상 정보를 토대로 좌뇌의 측두엽(側頭葉) 외측면(外側面) 후부(後部)에서 심내사전에 직접 액세스한다. 이 경로는 시간이 걸리는 문자소/음소변환을 포함하지 않기 때문에 간접 경로보다도 빨리 단어의 의미나 발음 정보를 추출할 수 있다. 그 때문에 사용빈도가 높고 전체의 형상과 의미의 직접적인 대응 부어가 대뇌에서 확립된 단이는 주로 이 경로에서 처리된다. 또한, 철자와 발음의 대응이 비전형적인 비전형어도 간접 경로에서는 제대로 처리할 수 없기 때문에 이 경로에서 처리된다. 좌뇌의 방추상회 후부에서 좌뇌의 하측두회(下側頭回) 후부에 걸친 영역은 어휘성 판단과제에서 자주 사용되는 단어나 비전형어에 대해 강하게 반응한다.

직접 경로에 손상을 입으면 표층 난독증을 보이는 경우가 종종 일어난다. 표층 난독증이 나타나면 철자와 발음의 대응이 규칙적/전형적인 단어나 비단어는 올바르게 음독할 수 있지만, 비전형어의 음독에 곤란을 겪게되고 종종 규칙화(regulalization)라 불리는 오류를 범한다. 규칙화란 비전형어를 전형적인 문자와 발음의 대응관계를 토대로 음독하는 오류이다(예: 영어의 pint를 '파인트'가 아닌 '핀트'라고 읽는 오류). 일본어에서는 숙어 안의 한자를 그 문자의 다른 발음(높은 빈도의 전형적인 발음)으로 읽는 오류가 규칙화에 해당한다(예: '게라이(家来)'의 '家'를 '게(け)'가 아닌 '가(か)'라고 읽는 오류).

3. 어휘 액세스

근력 트레이닝으로 몸을 단련하면 근육이 발달한다. 그렇다면 뇌를 단련하면 어떻게 될까? 어느 연구에 의하면 런던의 택시 운전기사는 보통 사람보다도 해마(海馬)의 사이즈가 크다고 한다. 해마는 측두엽(側頭葉)의 안쪽에 위치해, 장기 기억의 형성과 정착에 중요한 역할을 하는 영역이다. 런던에서 택시 운전기사가 되려면 도로 사정에 관한 어려운 시험에 합격해야만 하고, 합격 후에도 복잡한 도로 지식을 꾸준히 쌓지 않으면 안 된다. 그 때문에 런던의 택시 운전기사는 경험을 쌓으면 쌓을수록 해마의 사이즈가 커질 것이라 추측된다. 그렇다면 말(단어)을 많이 기억하면 뇌는 어떻게 될까?

본 절에서는 단어 지식의 기억과 검색을 통괄하는 신경 네트워크에 대해서 살펴보겠다.

【심내사전(mental lexicon, 心內辭典)】 대뇌에 존재하는 어휘 항목(단어, 형태소, 이디엄 등) 정보의 총체를 심내사전이라고 한다. 심내사전은 뇌의 어느 부분에 국재(局在)할까? 지금까지의 연구에서 단어 정보는 좌뇌의 측두엽(側頭葉)을 중심으로 대뇌 피질의 넓은 범위에 걸쳐 분포하고 있으며, 장소에 따라 축적되어 있는 정보(의 종류)가 다르다는 사실이 밝혀졌다. 예를 들어 좌뇌의 측두극(temporal pole, 側頭極)에 손상을 입으면 유명 인사의 사진을 보고도 그 사람의 이름을 떠올리는(호칭하는) 데 어려움을 겪지만, 다른

종류의 단어(예를 들면, 동물이나 도구의 이름)를 말하는 데는 아무런 문제도 없는 경우도 많다([그림 4-4]). 이것은 좌뇌의 측두극에 인명과 관련된 정보가 축적되어 있을 가능성이 크다는 것을 시사한다. 그러나 좌측두극에 인명을 나타내는 단어에 대한 모든 정보가 기억되어 있는 것은 아니다. 왜냐하면, 좌측두극에 손상을 입어 사진 속 인물의 이름은 말할 수 없어도 사진 속 인물이 누구인지는 인식할 수 있기 때문이다. 한편, 우뇌의 측두극에 손상을 입으면 인물을 인식할 수 없게 된다. 따라서 인물에 대한 개념 정보는 우뇌의 측두극에 존재하고, 좌측두극은 인물의 개념과 이름을 연결짓는 처리 혹은 연결된 정보의 저장에 관여한다고 추측할 수 있다.

이처럼 단어 정보는 대뇌 피질의 넓은 범위에 걸쳐 기억되어 있지만, 개념의 종류별로 그 분포가 다르고, 뇌의 손상 부위에 따라 장애를 입기 쉬운 개념의 종류도 달라진다. 이처럼 특정한 개념 범주의 단어에 대해 특히 강하게 영향을 받는 장애를 범주 특정적 장애(category specific deficit)라고 한다.

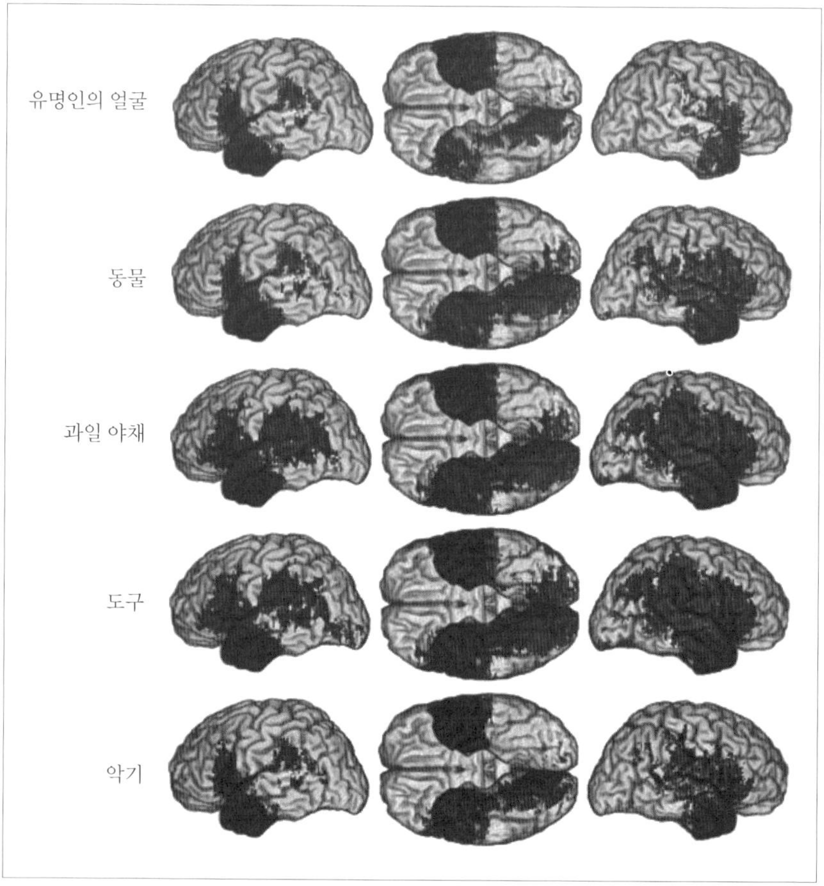

[그림 4-4] 손상 부위에 따라 호칭 장애가 발생하는 개념 범주의 차이
(Rudrauf et al 2008을 일부 변경)

【어휘 검색(語彙檢索)】 심내사전(心內辭典)에 축적된 방대한 정보 중에서 필요한 정보를 찾아내고 추출하는 과정을 어휘 검색(lexical retrieval)이라고 한다. 어휘 검색에는 좌뇌의 중측두회(中側頭回)가 그 중심적인 역할을 하며 좌뇌의 하전두회(下前頭回)는 어휘 검색을 지원한다([그림 4-5]).

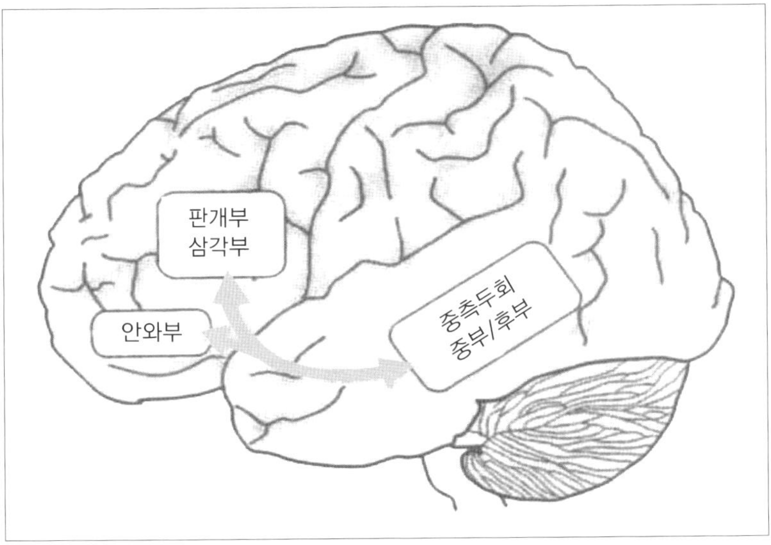

[그림 4-5] 어휘 검색의 신경 네트워크

【좌뇌의 중측두회(中側頭回)】 간질 치료의 일환으로 뇌경막 아래에 전극을 삽입해 국소적인 전기 자극을 주어 일시적으로 뇌 기능을 마비시키는 연구에서 좌뇌의 상측두회(上側頭回)에서 중측두회에 걸쳐 자극을 주면 그림에 등장하는 사물의 이름을 말하거나(호칭), 쓰여진 단어를 읽거나(음독), 들은 단어를 반복(복창)할 수는 있지만 들은 단어의 의미를 이해(듣기)하지 못하는 증상, 즉 초피질성 감각성 실어증(transcortical sensory aphasia)과 비슷한 증상을 보인다는 보고가 있다([그림 4-6]). 호칭이 가능하다는 점으로 보아, 어휘의 의미 시스템이 손상을 입은 것은 아니고, 복창과 음독이 가능하다는 점을 고려하면 음성/음운 처리에도 별 문제가 없다는 것을 알 수 있다.

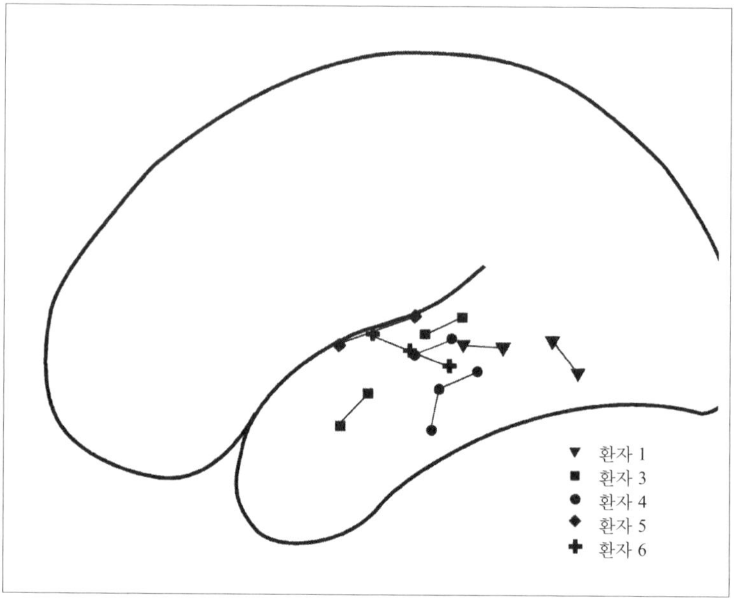

[그림 4-6] 청각 단어 이해에 장애를 받은 전극의 위치
(Boatman et al 2000을 일부 변경)

그럼에도 불구하고, 들은 단어를 이해하지 못하는 것은 음성 정보를 토대로 심내사전에 액세스하는 처리과정에 문제(장애)가 발생했다는 것을 의미한다. 따라서 이 연구 결과는 어휘 검색에는 좌뇌의 상/중측두회(上/中側頭回)가 아주 중요한 역할을 한다는 것을 시사한다(Boatman et al 2000).

지금까지의 실험 결과로부터 어휘 검색 처리에는 크게 두 가지 측면이 있다는 사실이 밝혀졌다. 하나는 음성과 문자의 감각 정보를 토대로 해 어휘의 의미 표상을 자동적으로 활성화하는 처리이고, 또 하나는 전략적으로 활성화를 촉진하거나 억제하는 처리이다. MEG

에서 단어를 제시한 다음에 출현하는 M350이라고 불리는 성분은 자동적 활성화를 반영하는 성분으로 잘 알려져있다. 신호 발생원이 한 군데라고 가정한다면 좌뇌의 상측두구(上側頭溝) 부근이 M350의 발생원이라 추정된다. 또한 여러 곳이 발생원이 될 수 있다는 좀 더 현실적인 가정을 세운다면 좌뇌의 상측두구에서 출발해 중측두회와 하측두회로 반응이 확대될 것으로 추정된다. 이러한 사실을 통해 좌뇌의 중측두회 후부와 그 인접 영역이 어휘 검색의 초기 자동적 활성화 처리에 관여하고 있다는 것을 알 수 있다.

의미적으로 연관성이 있는 두 개의 단어를 연이어 제시하면 첫 번째 단어(프라임, prime)의 영향을 받아, 두 번째의 단어(타겟, target)의 처리가 촉진되는 어휘 프라이밍(priming)이 일어난다. 프라임과 타겟을 제시(개시)하기 시작한 시간의 차이(SOA, Stimulus Onset Asynchrony)가 짧으면(250 ms 이하) 자동적 처리의 프라이밍 효과가 관찰되고, SOA가 길면(600 ms 이상) 전략적 처리의 프라이밍 효과가 관찰되는 것으로 알려져있다. SOA는 두 가지 이상의 자극이 시간 순서에 따라 제시될 때, 두 자극이 제시(개시)되는 시각 간의 차이를 말한다. fMRI로 프라이밍 효과를 측정하면 SOA의 길이에 상관없이 좌뇌의 중측두회 중부(中部)/후부에 프라이밍 효과가 나타난다. 따라서 이 영역이 어휘 검색의 자동 처리뿐만 아니라 전략적 처리도 통괄하고 있음을 알 수 있다.

더욱이 좌뇌의 중측두회 후부와 그 주변 영역은 언어를 산출할 때 개념/의미 정보를 토대로 단어의 음운 정보 추출에도 관여한다. 즉, 이 영역은 심내사전에 액세스해 의미 정보와 음운 정보를 쌍방향적으로 관련짓는 역할을 한다. 이 영역에 손상을 입으면 단어의 의미 처리에 장애가 발생한다(Dronkers et al 2004).

【좌뇌의 하전두회(下前頭回)】 좌뇌의 중측두회(中側頭回)와 함께 좌뇌의 하전두회도 다양한 어휘 검색 과제에 반응한다. 하지만, 어휘 프라이밍은 SOA가 길 때에만 좌뇌 하전두회에도 효과가 나타난다. 이는 좌뇌 하전두회가 어휘 검색의 자동적인 측면이 아닌, 전략적인 측면에 관여하고 있다는 것을 시사한다. 더욱이 좌뇌 하전두회 중에서도 앞쪽의 안와부(pars orbitalis, 眼窩部)와 뒤쪽의 삼각부(三角部)에서 판개부(瓣蓋部)에 걸친 영역에서는 어휘 검색의 역할이 다르다(Lau et al 2008). 안와부는 검색하려는 단어의 의미 표상을 전략적으로 활성화시키는 기능을 갖는다. 이에 반해 보다 뒤쪽에 위치하는 영역은 복수(複数)의 후보 중에서 선택을 하거나 경합하는 의미 표상을 억제하는 역할을 한다. 예를 들면, 안와부는 어휘 프라이밍 실험에서 프라임 자극과 타겟이 의미적으로 관련이 있을 때에, 중립적인 경우에 비해 타겟에 대한 활성화가 저하된다. 이는 프라임 자극을 토대로 한 예측에 따라 타겟의 활성화 처리가 촉진되었음을 반영한다. 이에 반해 삼각부와 판개부는 프라임 자극과 타겟이 의미적으로 관계가 없을 때, 중립적인 경우에 비해 타겟에 대한 활동이 증가한다. 이것은 비관련어 표상(表象)의 활성화를 억제하는 처리에 대한 부담이 그만큼 높아졌다는 것을 반영한다.

【어휘량】 알고 있는 단어 수가 많은 사람일수록 좌뇌 연상회(supramarginal gyrus, 緣上回) 후부(後部)의 회백질(灰白質) 밀도가 높은 경향을 보인다. 좌뇌 연상회 후부는 단어의 발음, 철자, 의미 등 다양한 정보가 교차하는 '정보의 항구'이다. 이러한 사실을 근거로 연상회 후부는 단어의 다양한 정보를 관련짓는 처리에 관여하고 있으며, 그 때문에 어휘량이 늘어나면 이 영역의 회백질 밀도가 높아지는 것으로 알려져 있다.

연상회 후부의 회백질 밀도는 제2언어의 운용 능력과도 관련이 있다. 제2언어에 대한 능력은 어휘량과 밀접한 관계가 있으며, 그 때문에 제2언어의 능력과 연상회의 밀도가 상관관계를 보이는 것일지도 모른다.

4. 문해석(文解析)

브로카 영역(좌뇌 하전두회 삼각부(三角部)/판개부(瓣蓋部))와 그 주변에 손상을 입으면 브로카 실어증(Broca's aphasia)이 나타나는 경우가 있다. 브로카 실어증은 기능어가 탈락되는 등 발화(發話)의 산출이 곤란해지는 것이 주된 증상이지만, 발화의 이해에도 특징적인 장애를 보인다. 예를 들면 (1)같은 기본어순문은 비교적 잘 이해하지만, (2)처럼 어순이 바뀐 문의 이해도는 현저하게 떨어진다.

(1) 곰이 코끼리를 밀었다. (기본어순문)

(2) 코끼리를 곰이 밀었다. (어순을 뒤바꾼 문)

같은 단어로 이루어진 같은 의미의 문인데, 왜 한쪽만 이해할 수 없게 될까? (1)과 (2)는 통사구조(어순)가 다르기 때문에 브로카 실어증이 발병하면 통사구조의 처리에 장애가 유발되는 것은 아닐까?

본 절에서는 문해석(단어를 조합해 통사구조를 구축하고 문의 의미를 계산하는 처리)을 주관하는 신경 네트워크에 대해서 개관하고 브로카 실어증이 발병하면 왜 어순이 바뀐 문을 이해할 수 없게 되는지에 대해 고찰한다.

【3단계 모델】 문해석(文解析)의 인지 신경 모델 중에서 가장 잘 알려진 Friederici의 모델에 의하면 문해석에는 다음의 3가지 단계가 존재한다(Friederici and Katz 2003). 제1단계(Phase 1)에서는 단어의 문법 범주가 동정(同定)되고, 그를 토대로 국소적인 통사구조가 구축된다. 예를 들면, 형용사와 명사가 연이어 입력되면 그들을 통합해 명사구를 구축하는 처리가 이루어진다. 제2단계(Phase 2)에서는 여러 개의 구(句)와 구 사이의 통사적/의미적인 의존 관계를 결정해 계층적인 통사구조를 구축하는 처리가 이루어진다. 제3단계(Phase 3)에서는 여러가지 정보가 통합되고 만약 모순이 발생할 경우에는 재해석이나 복구(processes of reanalysis and repair)가 이루어진다.

【제1단계】 브로카 영역의 심부, 내측면(內側面) 가까이에 위치하는 좌뇌의 전두판개(前頭瓣蓋)는 구상속(uncinate fasciculus, 鉤狀束)에서 좌뇌의 상측두회(superior temporal gyrus) 전방과 연결되어 있다. 이 영역은 구구조규칙(句構造規則, 인접하는 단어 간의 배열 규칙)의 위반에 대해서는 아주 짧은 시간 내에 반응을 보이지만, 통사구조가 복잡해져도 활동이 상승하지 않는다는 점에서 Friederici 모델에서는 국소적인 구구조(句構造)의 구축을 주관하는 영역으로 판단하고 있다(Friederici and Katz 2003)([그림 4-7]).

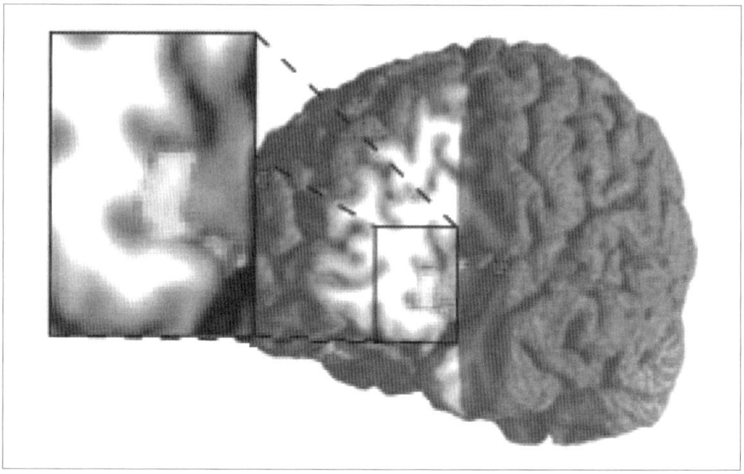

[그림 4-7] 구구조규칙 위반에 반응하는 좌전두판개(左前頭瓣蓋)
(Friederici et al 2006을 일부 변경)

구구조규칙(句構造規則)의 위반 이외에 문법적이지만 일탈된 의미를 나타내는 단어나 음의 조합에도 반응한다는 점, 또 반응대기시간이 짧다는 점 등을 고려할 때, 다음에 어떤 지각적인 특징을 갖는 요소가 입력될지를 경험을 토대로 예측하거나 확인하는 역할을 담당하는 것으로 추측된다.

【제2단계】 통사적으로 복잡한 문을 읽거나 들을 때, 브로카 영역과 그 주변의 활동이 상승한다([그림 4-8]). 또한 위에서 언급했듯이 이 영역에 손상을 입으면 어순이 교체된 문을 이해하는 데 장애가 발생한다. 더욱이 이 영역은 계층구조를 갖지 않는 기호열보다는 우리들이 사용하는 언어처럼 계층구조를 갖는 기호열에 대해 더 강하게 반응한다. 이러한 사실로부터 브로카 영역은 계층적인 통사구조의

처리에 아주 중요한 역할을 하는 것으로 알려져 있다(Sakai 2005). 다만, 브로카 실어증으로 인한 통사처리 장애는 한정적이며 통사구조가 구축할 수 없게 되었을 때에 예상되는 광범위한 장애는 나타나지 않는다. 예를 들면, 문법성 판단과제의 정답률은 대체로 높다.

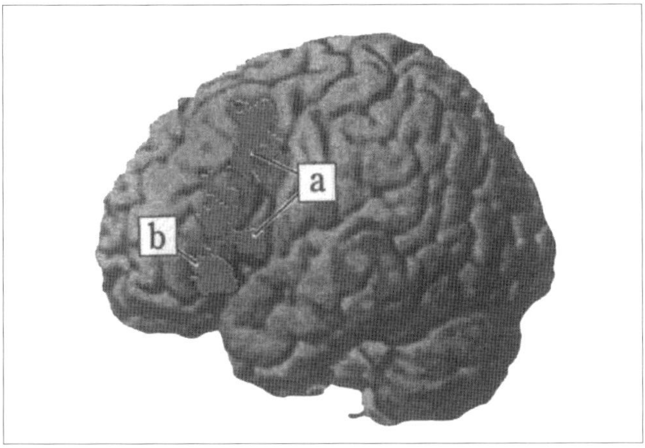

[그림 4-8] (a)통사 과제에서 반응하는 브로카 영역과 배측운동전피질, (b)문 이해 과제에서 반응하는 하전두엽 안와부(眼窩部) (Sakai 2005를 일부 변경)

이러한 점들로 보아 브로카 영역은 일반적인 통사처리가 아닌, 어순 교체에 대한 특정적인 처리를 주관한다고 주장하는 연구자도 있다(Grodzinsky and Santi 2008). 대부분의 문해석(文解析) 이론에 따르면, 어순이 교체된 문을 이해할 때에는 머릿속에서 어순을 원래대로 바꾸는 처리가 이루어진다. 예를 들면, (2)를 (3)에 모식적으로 제시한 것처럼 문두(文頭)의 목적어 'ゾウを(코끼리를)'을 작업기억(作業記憶)에 유지하면서 목적어 본래의 위치(주어와 동사 사이)를 찾

아, 주어를 만난 직후에 (주어 다음의 위치에) 목적어를 되돌려 놓는 처리가 이루어진다.

(3) ゾウを クマが ゾウを 押した。

(코끼리를 곰이 코끼리를 밀었다)

그 때문에 목적어 'ゾウ(코끼리)'의 표상(表象)은 문두에서 목적어를 들었을 때에 한번 활성화되고, 주어를 들은 직후에 한번 더 활성화된다. Grodzinsky는 일련의 연구에서 브로카 실어증이 발병하면 (3)처럼 목적어를 본래의 위치로 되돌리는 구조를 만들 수 없게 된다는 가설을 정립했다. 브로카 실어증 환자들에게서는 위에서 언급한 '원래의 위치에서 일어나는 재활성화'가 관찰되지 않는다는 다수의 연구 결과는 Grodzinsky설과 일치한다.

이처럼 브로카 영역이 통사처리, 특히 어순처리의 중추(中樞)라는 입장에 대해, 통사구조의 구축 자체는 다른 영역에서 이루어지고, 브로카 영역은 그것을 지원하는 역할을 한다는 견해도 있다. 예를 들면, 1절(음성 인식) 에서 언급했듯이 좌뇌의 하전두회 판개부(下前頭回瓣蓋部)는 배측 운동 전피질(背側運動前野)과 함께 언어성 작업기억을 관장하는 배측로(背側路, 음성처리)의 일부이다. 통사적으로 복잡한 문에 대한 이들 영역의 활동은 작업기억에 대한 부담의 증가를 반영하고 있을 가능성이 지적되고 있다. 실제로 음절을 마음 속으로 반복하는 음운성 작업기억 과제와 문(文) 이해과제를 동시에 행하면 통사적 복잡함으로 인한 좌뇌의 하전두회 판개부(下前頭回瓣蓋部)의 활동 차이가 상쇄된다는 사실이 여러 연구를 통해 확인되었다(Rogalsky et al 2008).

또 3절(어휘 액세스)에서 살펴본 것처럼 좌뇌의 하전두회 삼각부/판개부는 어휘 표상의 전략적인 억제에 관여하고 있으며, 일반적으로 경합하는 후보 중에서 하나를 선택하는 기능을 갖는다. 좌뇌의 하전두회 안와부(下前頭回眼窩部)는 단어의 의미 표상을 전략적으로 활성화함과 동시에 단어의 의미와 문의 통사구조를 토대로 문 전체의 의미를 계산해, 그것을 선행문맥에서 구축된 보다 커다란 의미 표상에 통합하는 역할을 맡는다. 따라서 좌뇌의 하전두회(下前頭回) 손상으로 인해 발생하는 문(文) 이해 장애는 어휘 활성화, 선택, 의미 통합 중의 어느 하나 혹은 복수의 장애에 의한 것일 지도 모른다. 최근의 연구에서 브로카 실어증 환자는 이동된 요소의 '원래 위치에서 일어나는 재활성화'는 나타나지 않지만, 그보다도 수백 밀리 초 늦은 타이밍에서 재활성화를 보인다는 사실이 밝혀졌다. 또한 실험문의 제시 속도를 늦추면 브로카 실어증 환자도 이동된 요소가 원래 위치에서 재활성화해, 문(文) 이해도가 향상된다는 사실도 확인했다. 이 결과는 브로카 영역의 손상으로 어순이 교체된 문(文)의 이해가 곤란해지는 것은 통사구조 자체에 문제가 발생해서가 아니라, 어휘 표상의 활성화 지연이 원인(의 하나)일 가능성을 시사한다.

계층적인 통사구조의 구축을 주관하는 영역은 좌뇌의 하전두회 외에 유력한 후보는 좌뇌의 측두엽 전부(前部)를 들 수 있다([그림 4-9]). 상측두구(上側頭溝) 선부(前部)에서 중측두회 전부와 측두극에 걸친 영역은 연상(連想)관계에 있는 단어 리스트보다도 통사구조를 갖는 문에 대해 강하게 반응한다(Huphrise et al 2006). 또한 무의미어(無意味語)로 구성된 문에 대해서도 통계적으로 유의미한 차이를 보일 만큼의 반응을 나타내며, 같은 통사구조의 문을 반복해서 제시하면 반응이 작아진다(syntactic priming, 통사 프라이밍). 이 영역에 손상을 입으면 다양한 구문에 대한 이해에 장애가 발생한다는 것도 잘 알려져 있다.

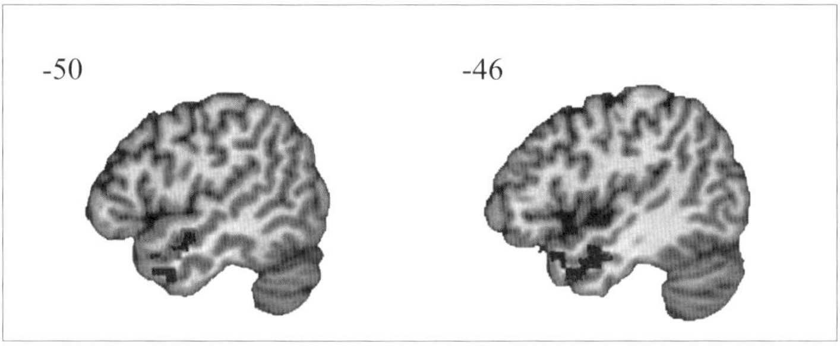

[그림 4-9] 통사구조의 존재에 반응하는 좌뇌 측두엽 전방
(Humphries et al 2006를 일부 변경)

【제3단계】 좌뇌의 상측두회(上側頭回) 후부(베르니케 영역)는 통사적으로 복잡한 문이나 재해석이 필요한 문을 처리할 때에 활동이 상승한다. 인접하는 각회(angular gyrus, 角回)는 문법적으로 의미가 통하는 문에 대해서 반응을 보이지만, 전혀 관련성이 없는 단어 리스트에 대해서는 거의 활동의 변화를 보이지 않으며, 무의미어에 대해서는 활동이 감소한다. 이러한 사실로부터 좌뇌의 상측두회 후부(後部)에서 각회에 걸친 영역은 좌뇌의 하전두회와 협력해 단어의 의

미정보와 통사 정보를 통합하는 기능을 맡고 있는 것으로 추정된다 ([그림 4-10]).

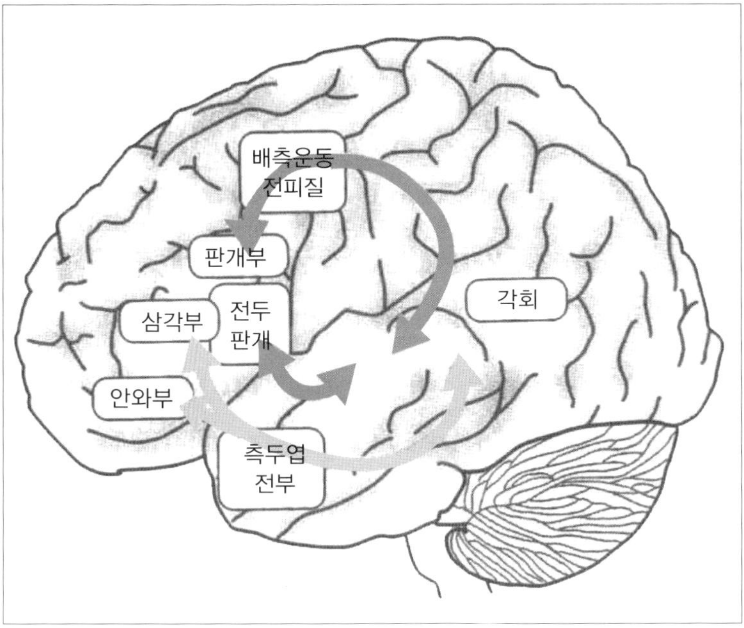

[그림 4-10] 문해석의 신경 네트워크

5. 문장 이해

여러 개의 문이 모여 의미가 있는 내용을 표현하는 것을 문장이라고 한다. 기록된 것을 '문장', 대화를 '담화'라 구별하지만, 본 절에서는 편의상 둘을 합쳐서 문장이라 부르기로 한다.

앞에서 본 것처럼 음성이나 문자, 단어, 문은 좌뇌에서 주로 처리되지만(좌뇌 우위), 문장을 이해하는 데는 우뇌가 더 중요한 역할을 한다는 사실이 종종 지적된다. 또, 좌뇌에 손상을 입었을 때 남성보다도 여성이 실어증에 걸릴 확률이 낮다. 이는 남성과 달리 여성은 우뇌를 이용해 언어를 처리한다는 것을 의미하는 것일까?

본 절에서는 문장 이해를 주관하는 신경 네트워크에 대해 개관하고, 아울러 언어기능의 측성화(側性化, 언어를 포함한 고차 기능 중 일부는 좌뇌와 우뇌 중 어느 한쪽에 국한되어 처리되는 능력)에 대해서 고찰한다.

【상황 모델】 문장을 이해할 때는 개개 단어의 개념과 문의 의미를 파악해가면서 동시에 이미 알고 있는 지식과 관련짓거나, 선행 문맥의 내용과 통합이 필요하다. 이때 문과 문의 관계를 이해하기 위한 추론과 필자/화자, 등장인물(특히 주인공)의 신념, 의도, 목적 등을 이해하기 위한 소위 '마음의 이론(theory of mind)'과 관련하는 추론이 아주 중요하다. 또한, 스스로 판단해 얻은 해석에 일관성이 있는지, 커뮤니케이션의 상황과 정합적인지에 대한 확인도 이루어져야만

한다. 이와 같은 일련의 처리 과정에서 문장에 묘사된 등장인물과 장소, 사건 등에 대한 일관성 있는 대뇌 표상(situation model, 상황 모델)이 구축되고, 상황에 따라 개정(改正)이 추가된다.

이처럼 문장 이해에는 추론과 정합성의 체크, 상황모델의 구축과 같은 요인들이 중요한 역할을 하지만, 이들은 언어를 통한 커뮤니케이션뿐만 아니라 다른 장면에서도 널리 사용되는 일반성이 높은 인지 과정이다. 따라서 문장 이해에는 문(文) 레벨의 처리에 관여하는 신경 네트워크와 함께 더 '고차원적'인 인지처리에 관여하는 신경 네트워크도 활성화할 것으로 예상된다. 지금까지의 연구에서 문장을 이해할 때는 (단문 레벨의 처리와 비교했을 때) 양측의 측두엽(temporal lobes, 側頭葉) 앞부분과 배내측 전두 전피질(DMPFC, dorsomedial prefrontal cortex, 背內側前頭前皮質), 우뇌의 측두-두정 접합부(TPJ, temporoparietal junction, 側頭-頭頂接合部) 등이 특히 활발하게 반응하는 것으로 밝혀졌다(Ferstl et al 2008).

【측두엽(temporal lobes, 側頭葉)의 앞부분】 단문 레벨을 해석할 때, 좌뇌의 측두엽 앞부분이 반응한다는 사실을 앞에서 살펴보았지만, 의미적으로 일관성이 있는 문장을 이해할 때는 의미적으로 관련성이 없는 문(文)의 나열에 비해, 양측의 측두엽(側頭葉) 앞부분(의심부)이 지속적으로 높은 반응을 보인다. 또한, 비유적인 표현을 이해하거나 문장 속 사건에 대한 전후 관계를 판단하는 과제에서도 양측의 측두엽 앞부분이 반응을 나타낸다. 이러한 사실을 통해 볼 때, 이 영역은 여러 개의 문(文)의 명세를 계층적으로 조합한 텍스트 베

이스(textbase)의 구축에 관여하는 것으로 추정된다.

【배내측 전두 전피질(DMPFC, dorsomedial prefrontal cortex, 背內側前頭前皮質)과 우뇌의 측두-두정 접합부(TPJ, temporoparietal junction, 側頭-頭頂接合部)】 등장인물의 의도(意圖)와 같은 마음의 이론과 관련하는 추론이나 물리적인 추론이 요구되는 문장을 이해할 때는 양측의 배내측 전두 전피질의 활동이 상승한다([그림 4-11]). 또한 이 영역은 의미적으로 일관성이 있는 문장에 대해서는 반응하지만, 일관성이 없는 문장에 대해서는 거의 변화를 보이지 않는다. 일반적으로 이 영역은 그 자극이 언어이든 아니든 상관없이 자신과 타인의 감정이나 의도에 대해 내성(內省, 자기 관찰)하는, 메타인지 과정(마음의 이론)을 요구하는 과제에 반응한다.

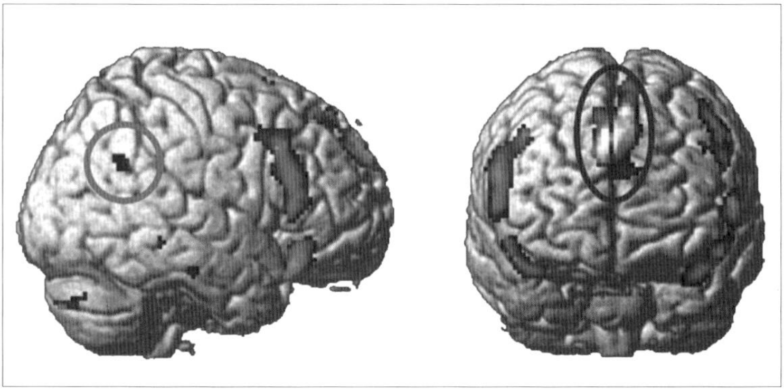

[그림 4-11] 마음의 이론에 관계하는 추론을 필요로 하는 문장을 이해할 때에 활동하는 우뇌의 측두-두정 접합부(왼쪽)와 양측의 배내측 전두 전피질(오른쪽) (Mason and Just 2009를 일부 변경)

마음의 이론과 관련된 문장을 이해할 때는 우뇌의 측두-두정 접합부 부근의 활동도 상승한다([그림 4-11]). 배내측 전두 전피질이 마음의 이론과 관련하는 문장을 이해할 때에 지속적으로 높은 활동을 나타내는 데 반해, 우뇌의 측두-두정 접합부는 추론이 필요한 타이밍에서 특히 활동이 상승한다. 이러한 사실로부터 ①추론의 부담이 그렇게 크지 않을 경우에는 배내측 전두 전피질의 활동만이 상승하고, 추론의 부담이 늘어나면 우뇌의 측두-두정 집합부의 활동도 원용(援用)된다는 가능성과 ②배내측 전두 전피질은 의식적인 추론을 통제하는 집행기능(執行機能)을 담당하며, 우뇌의 측두-두정 접합부는 이어서 발생할 가능성이 있는 사건을, 추론을 통해 시뮬레이션(모의실험)하고 있을 가능성이 지적되었다(Mason and Just 2009).

【하두정피질(inferior parietal cortex, 下頭頂皮質)과 설전부(precuneus, 楔前部)】 텍스트 베이스(textbase)의 표상에서 상황 모델을 창출하는 작업이 대뇌의 어느 부위에서 또, 어떻게 이루어지는지에 대해서는 아직 명확히 밝혀지지 않았다. 양측의 하두정피질과 설전부가 문장이해의 초기단계부터 활동이 상승하기 시작해, 그 후에 베이스 라인보다도 활성도(活性度)가 낮아진다는 사실을 통해 이들 영역에서 새로운 상황 모델이 구축된다고 주장하는 연구자도 있다.

【문장이해와 우뇌】 이상과 같이, (단문 레벨에 비해) 문장 레벨을 처리할 때는 우뇌의 활동이 상승하는 경향을 보인다. 또한 우뇌에 손상을 입으면, 여러 개의 문을 통합하거나 정합성을 유지하기 위한

추론 능력이 저하된다는 보고도 있다. 그러나 이러한 사실을 토대로 우뇌에는 좌뇌에 없는 독자적인 기능을 갖고 있다고 단정할 수는 없다. 오히려 문장이해 또한 좌뇌 우위(優位)로 처리가 진행되고, 처리 부담이 커지면 좌뇌와 함께 우뇌도 원용(援用)된다고 주장하는 연구자가 대부분이다.

이러한 생각과 정합적인 연구 사례로 인과관계의 추론에 관한 일련의 연구가 있다. 이 연구에서는 인과관계의 정도가 다른 세 종류의 문장을 읽을 때의 뇌 활동을 측정했다.

① 각각의 문이 나타내는 사건 사이의 인과관계가 명확한 문장
② 인과관계를 간단한 추론을 통해 이끌어내지 않으면 안 되는 문장
③ 인과관계가 있다고 해도 매우 간접적인 문장

결과적으로 좌뇌의 전두엽(前頭葉), 측두엽(側頭葉), 두정엽(頭頂葉)의 이른바 언어와 관련하는 영역의 활동은 세 가지의 조건에서 거의 변함이 없었고, 인과관계의 정도가 낮아질수록 활동이 다소 높아지는 경향을 보였다. 그에 비해, 대응하는 우뇌의 영역은 ②의 조건에서 가장 활동이 상승했다([그림 4-12]). 이것은 다음과 같이 해석된다. ①은 추론이 필요없고 처리 부담이 낮기 때문에 좌뇌 만으로 처리가 가능했다. ②는 인과관계 특정을 위한 추론이 필요하기 때문에 ①보다도 처리 부담이 높아져 좌뇌와 함께 우뇌도 원용(援用)되었다. ③은 인과관계의 존재가 불분명해, 인과관계를 확립하기 위한 추론이 거의 행해지지 않았다. 흥미로운 사실은 내용을 가장 잘 기억하

고 있는 문장이 ①이 아닌 ②라는 점이다. 즉, 이것은 추론이 필요없는 '알기 쉬운 문장'보다도 추론이 필요하고, 독자/청자에게 '머리를 조금 쓰게 하는 문장'이 오히려 이해도가 높아(깊어)지고 내용도 기억에 남기 쉽다는 것을 의미한다.

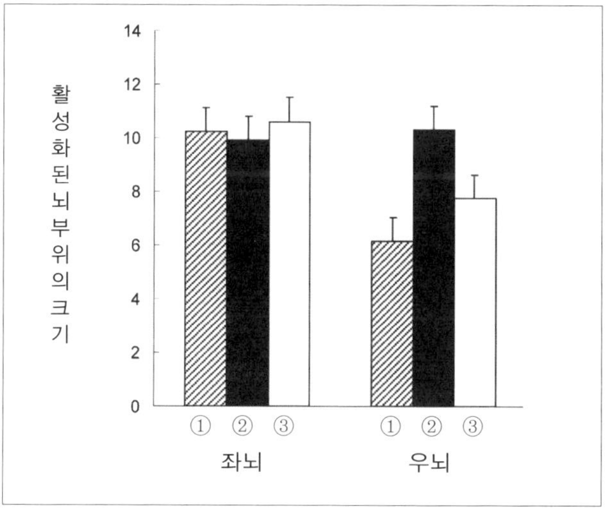

[그림 4-12] 인과관계의 정합성과 뇌활동 (Masona and Just 2004를 일부 변경)

【남녀차】 위에서 설명한 것처럼 좌뇌의 손상으로 실어증이 될 확률은 여성이 남성보다 낮다. 또한 청각에 문제가 없는 건강한 사람이 스토리가 있는 이야기를 듣고 있을 때의 뇌활동과 거꾸로 돌려 재생한 이야기를 듣고 있을 때의 뇌활동을 비교한 연구에서는 남성은 좌뇌에서만 통계적으로 유의미한 차이를 보이는 활동이 관찰된 데 반해, 여성은 좌우 양측에 활동이 관찰되었다([그림 4-13]). 이러

한 사실로부터 남성은 주로 좌뇌에 의존해 언어를 처리하지만, 여성은 양측 모두를 이용한다고 추정할 수 있다. 뇌량(corpus callosum, 腦梁)에서 좌우의 측두엽(側頭葉)/두정엽(頭頂葉)을 잇는 협부(isthmus)라고 불리는 부분의 비율이 남성보다도 여성이 크다는 점과 남자아이가 여자아이보다도 발달성 난독증(developmental dyslexia)을 발병할 비율이 수배 높다는 사실이 남녀의 언어기능 차이와 어떤 관련성이 있는지도 앞으로의 중요한 연구과제이다.

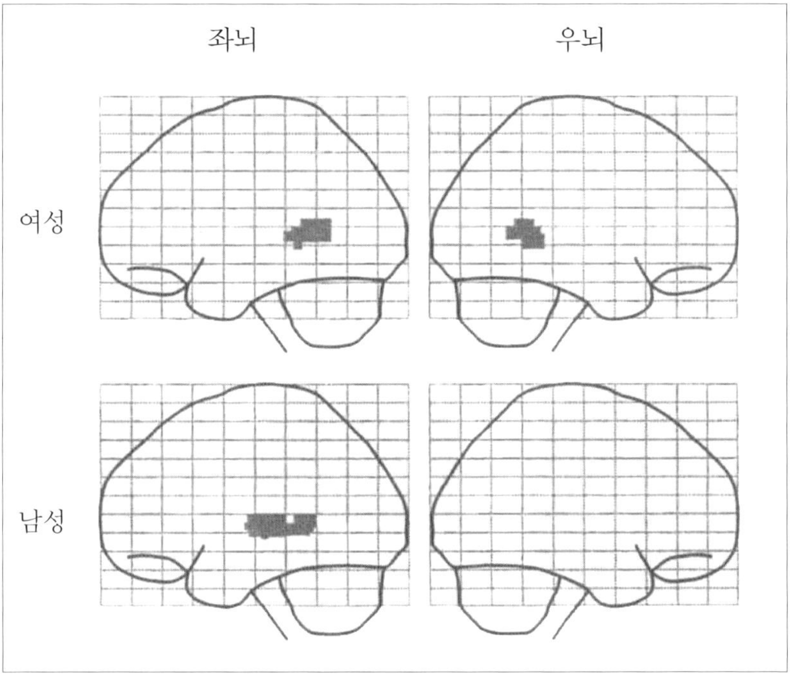

[그림 4-13] 이야기를 듣고 있을 때의 뇌활동 (남녀의 차이) (Kansaku et al 2000을 일부 변경)

6. 언어산출

지금까지는 언어이해의 여러 측면을 담당하는 신경 네트워크에 대해 개관했다. 언어이해는 음성(이나 문자)을 단서로 대뇌에 축적된 어휘나 문법, 그리고 세상에 관한 지식 등을 동원해 언어표현의 의미나 화자의 의도를 능동적으로 재구축하려는 과정이다. 이에 반해, 언어산출은 화자가 상대방에게 전달하고 싶은 개념이나 의도를 특정 언어의 어휘나 문법을 토대로 언어표현이나 운동지령으로 변환해, 음성을 산출하는 과정이다. 아주 추상적으로 표현하면, 언어이해는 음성 등의 '형식'을 '의미'로 변환하는 과정이고, 언어산출은 반대로 '의미'를 '형식'으로 변환하는 과정이다. 즉, 언어의 이해와 산출은 (추상적인 레벨에서는) 같은 일을 역(逆)으로 행하는 것이라 하겠다. 만약 그렇다면, 언어이해에 관여하는 신경 네트워크와 언어산출에 관여하는 신경 네트워크는 (언어의 입력과 출력에 가까운 부분을 제외하면) 거의 같을 것이라 예상된다. 과연 이 예상이 맞을까?

본 절에서는 언어산출을 담당하는 신경 네트워크에 대해 개관하고 언어산출과 언어이해가 신경기반을 어느 정도 공유하고 있는지에 대해 고찰한다.

【언어산출 모델】 언어산출의 대표적인 모델 중의 하나인 Levelt의 모델에 대해서는 제3장 2절을 참조하기 바란다. 언어산출에 관해서는 수많은 연구 결과가 보고되있지만, 그림을 제시한 후, 그 그림에

그려져 있는 사물의 이름을 요구하는 그림 명명 과제를 통해 Levelt 모델의 각각의 처리 과정에 필요한 시간을 다음과 같이 추정하는 연구결과 보고도 있다.

(4) 개념준비(그림 제시부터 개념선택까지)	175 ms
렘마 선택	75 ms
음운코드 선택	80 ms
음절화(음소 하나에 25 ms)	125 ms
음성적 부호화(조음 개시까지)	145 ms

Indefrey and Levelt(2004)는 언어 산출시에 (4)의 각 타이밍에서 활동하는 뇌영역이 각각의 처리를 담당하고 있을 가능성이 크다고 생각하고, 뇌 기능 측정 실험을 실시했다. 이하에서는 그 결과에 대해 설명한다([그림 4-14]).

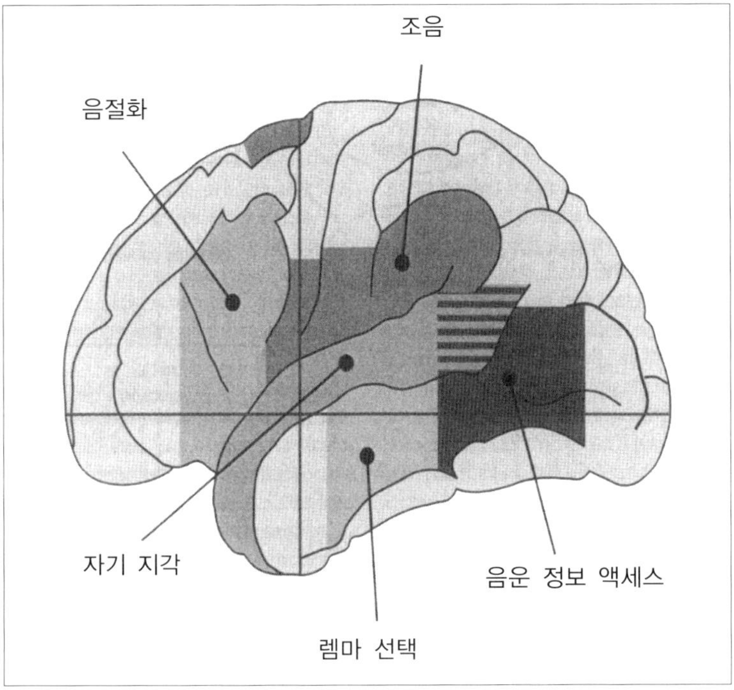

[그림 4-14] 단어 산출의 신경 네트워크 (Indefrey 2007을 일부 변경)

【렘마선택】 그림 명명 과제에서 사과나 배처럼 같은 의미범주(과일)의 그림을 연속해서 제시하면, 제시된 사물의 이름을 대답하기까지의 시간이 길어진다. 이는 의미의 간섭으로 인한 렘마 선택의 지연이 그 원인이라 생각된다. MEG를 이용한 연구에서 의미 간섭의 유무에 따른 활동의 차이가 그림을 제시한 후 약 150-225 ms에 좌뇌 중측두회(中側頭回)의 중간 부분에서 관측되었다. 이 영역의 활동이 의미 간섭의 영향을 받는다는 사실은 fMRI 연구에서도 확인되었다. 이러한 사실을 통해, 렘마 선택은 좌뇌의 중측두회에서 이루어지는 것으로 추측된다.

【음운 코드 선택】 제시된 그림에 그려진 사물의 이름을 말할 때(그림 명명 과제)나 실제로 존재하는 단어(실재어, 實在語)를 음독할 때가 무의미어(無意味語)를 음독할 때보다 좌뇌 상측두회 후부에서 좌뇌 중측두회 후부에 걸친 영역의 활동이 상승한다. 그림 명명과 실재어 음독에는 심내사전에서 음운 코드를 꺼내는 처리과정이 포함되지만, 무의미어 음독에는 이러한 처리가 필요하지 않다(문자소(文字素)/음소(音素) 변환이 이용된다). 따라서 좌뇌 상측두회 후부에서 좌뇌 중측두회 후부에 걸친 영역이 음운 코드 선택을 주관하고 있는 것으로 보여진다. MEG를 이용한 그림 명명 실험에서는 그림을 제시한 뒤 200-400 ms에 이 영역이 활성화되었고, (4)에서 예상한 음운 코드 선택의 타이밍(250-330 ms)과 거의 일치한다.

【음절화(音節化)】 음절화는 '추상적인 음운 표상'에 대한 처리로, 그 이후에 일어나는 '운동 표상'에 대한 처리와는 다르다. Indefrey and Levelt(2004)는 음절화에 관한 영역은 실제로 소리를 내어 단어를 말할 때(over production)나 소리를 내지 않고 마음속으로 말할 때(cover production)나 거의 비슷한 활동을 보인다는 사실을 관찰했고, 좌뇌 하전두회(下前頭回)가 이와 관련된 영역이라 주장했다. 좌뇌 하전두회가 음운 코드 선택에 이은 타이밍(그림을 제시한 후 400-600 ms)에서 활성화한다는 사실도 이러한 추측과 정 합적이다.

【음성적 부호화(符號化)와 조음】 한편 좌뇌의 중심전회(precentral gyrus, 中心前回), 좌뇌 시상(thalamus, 視床), 소뇌(cerebellum, 小腦)는 마음속으로 묵독하는 과제보다도 소리를 내어 말하는 발화(發話) 과제에서 그 활동이 증가한다. 또한 중심전회(中心前回) 하부에 손상을 입으면 조음(調音)이 곤란해진다. 이것은 중심전회가 음성적 부호화와 조음에 대해 아주 중요한 역할을 맡고 있다는 것을 의미한다.

【통사구조 구축】 같은 상황을 문(文)으로 묘사하는 과제와 단어를 열거해 묘사하는 과제를 비교해 보면, 전자는 좌뇌의 하전두회(특히 판개부(瓣蓋部)가 강하게 활성화한다. 이 결과는 통사구조 구축에는 좌뇌의 하전두회(下前頭回)가 깊이 관여하고 있다는 것을 시사한다([그림 4-15])

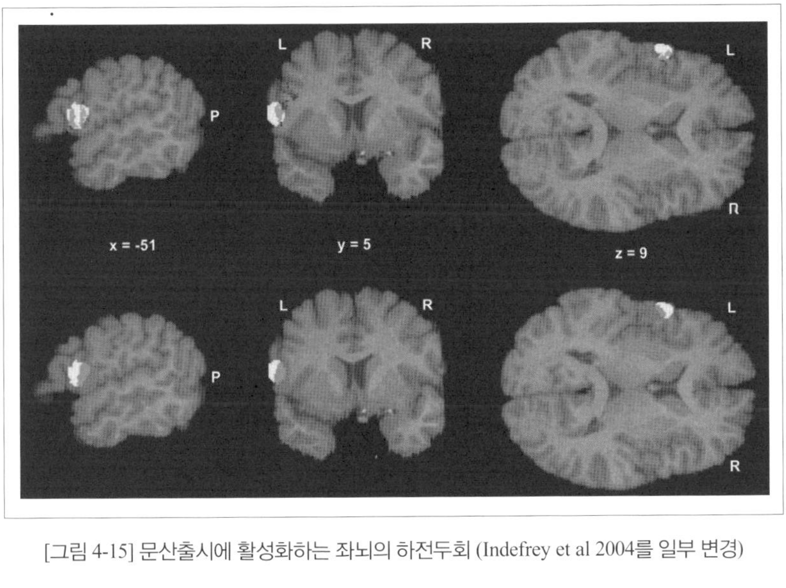

[그림 4-15] 문산출시에 활성화하는 좌뇌의 하전두회 (Indefrey et al 2004를 일부 변경)

【문장 산출】 문장 산출시에는 이외에도 배내측 전두 전피질(DMPFC, dorsomedial prefrontal cortex, 背內側前頭前皮質)과 설전부(precuneus, 楔前部), 좌뇌의 중측두회(MTG, 中側頭回), 좌뇌의 각회(angular gyrus, 角回) 등이 활성화한다.

【이해와 산출】 이상과 같이 언어를 산출할 때에 활성화하는 뇌 영역은 언어를 이해할 때에 활성화하는 뇌 영역과 거의 일치하며, 언어 이해와 언어산출은 대부분 공통된 신경 네트워크에 의존하는 것으로 추측된다.

제5장
언어 인지 뇌과학의 연구 사례
– 뒤섞기 어순문의 이해

일본어 뒤섞기 어순문의 문장처리 메커니즘: fMRI연구

키워드: 문장처리(이해), 뒤섞기 어순문, 하전두엽(IFG), 기능적 자기 공명 영상법(fMRI)

1. 들어가기

일본어 타동사 문(이항(二項) 동사문)에는 두 가지 어순(語順)이 허용되는 것으로 알려져 있다. 그 하나는 무표(無標, unmarked)의 기본 어순이고, 또 하나는 유표(有標, marked)의 뒤섞기 어순문이다. 이 두 가지 어순(기본 어순문과 뒤섞기 어순문)에 대한 통사 구조의 차이에 대해서는 이론 언어학이나 심리언어학의 관점에서 그 차이점을 지지하는 연구 결과가 다수 발표되었다. 하지만 인지 언어 뇌과학의 견해에서 이들을 해명하려고 한 시도는 거의 찾아볼 수 없다. 그래서 본연구에서는 기능적 자기 공명 영상법(fMRI, functional Magnetic Resonance Imaging)을 이용해 일본어 타동사 문의 두 가지 어순을 이해(처리)할 때, 우리 뇌에서 어떤 일이 일어나는지 직접 비교함으로써 이론 언어학과 심리언어학의 연구 보고와 견해가 타당한지 아닌지를 검증했다.

2. 일본어 타동사 문의 두 가지 어순과 통사 구조

영어나 중국어처럼 어순이 문의 의미를 결정하는 데 중요한 단서가 되는 언어에서는 (1)과 (2)처럼 주어와 목적어의 어순이 바뀌면 해당 문이 나타내는 의미도 바뀐다.

(1) a. Hanako praised Jiroo. (하나코가 지로를 칭찬했다.)
    b. Jiroo praised Hanako. (지로가 하나코를 칭찬했다.)

(2) a. 花子称賛了次郎 (하나코가 지로를 칭찬했다.)
    b. 次郎称賛了花子 (지로가 하나코를 칭찬했다.)

하지만 한국어나 일본어는 영어, 중국어와 달리 비교적 '어순이 자유로운 언어'이며, 두 개의 항(項)을 취하는 일본어 타동사 문의 경우, (3)처럼 문장 내부의 구성소(주어와 목적어) 위치를 바꾸어도 그 기본적인 의미는 변하지 않는다.

(3) a. 花子が次郎をほめた。(하나코가 지로를 칭찬했다.)
    b. 次郎を花子がほめた。(지로를 하나코가 칭찬했다.)

생성문법 이론에서는 (3a)와 같은 '주어<목적어<동사'의 어순을 기본 어순문(Canonical Sentence), (3b)와 같은 '목적어<주어<동사'의 어순을 뒤섞기 어순문(Scrambled Sentence)이라 부른다. (3b)와 같은

뒤섞기 어순문은 목적어 위치에 있는 명사구(여기서는 '次郎を')가 모종의 이유로 주어(花子が) 앞으로 이동해 산출되는 파생적인 것으로 이 이동을 '뒤섞기 조작(scrambling)'이라 부른다. 이처럼 이동에 의해 파생되는 뒤섞기 어순문은 주어 명사구와 목적어 명사구의 위치가 교체되어 생성되지만, 영어나 중국어와 달리 기본적으로는 기본 어순문이 나타내는 문의 의미는 변하지 않는다.

(4) a. [$_S$ 花子が [$_{VP}$ 次郎を ほめた]]
b. [$_S$ 次郎を$_i$ [$_S$ 花子が [$_{VP}$ t_i ほめた]]]

뒤섞기 조작(*scrambling*)

이론 언어학에서는 (4b)처럼 '뒤섞기 조작(scrambling)'으로 파생되는 뒤섞기 어순문은 이동된 요소(목적어 명사구)가 원래 위치에 발음되지 않는 흔적(trace)을 남긴 채, 주어 명사구를 넘어 문두(文頭)로 이동해 생성된다고 생각했다(Saito 1985, Hoji 1985). 일본어 모국어 화자의 경우, (4b)와 같은 뒤섞기 어순문을 이해(처리)할 때, 목적어 명사구인 '次郎を'를 읽은 시점에서 문두에 와야 할 주어가 생략된 것으로 가정하고 뒤에 동사가 올 것을 예측한다. 하지만 그 예측과 달리 주어 명사구인 '花子が'가 출현했을 때, (5)처럼 문장 첫머리의 목적어 명사구인 '次郎を'는 필러(filler)라 판단하고 목적어의 흔적 위치(t)에 보충하는 통사처리(gap-filling parsing)를 한다. 따라서 문두의 목적어 명사구를 원래 위치인 흔적 위치(t)에 보충하는 통사처리

를 할 필요가 없는 기본 어순문(4a)에 비해, 공소보충해석이 필요한 (4b)의 뒤섞기 어순문이 더 복잡한 통사처리가 요구된다.

(5) [$_S$ 次郎を$_i$ [$_S$ 太郎が [$_{VP}$ t_i ほめた]]]

공소보충해석(*gap-filling parsing*)

中条(1983)는 목적어 명사구로 유생 명사를 필요로 하는 동사(예를 들면 '고용했다')와 유생 명사를 필요로 하지 않는 동사(예를 들면 '닫았다')를 이용한 문장 오판단 과제 실험에서 목적어 명사구가 유생 명사이든 무생 명사이든 관계없이 OSV(목적어<주어<동사)어순이 SOV(주어<목적어<동사) 어순에 비해 반응시간(읽기 시간)이 통계적으로 유의하게 길었다고 보고했다. 또한 Tamaoka et al(2005)는 일본어 기본 어순문과 뒤섞기 어순문의 문이해(처리)에 관련되는 처리 코스트(부담)의 차이(뒤섞기 어순문이 기본 어순문보다 반응시간이 길고 오답률이 높다)를 유발하는 주요인을 검증하기 위해 세 가지 요인(격조사, 주제 역할, 문법 기능)에 착목해 5가지 실험(능동문(이항 동사, 삼항 동사), 수동문, 가능문, 사역문)을 했다. 그 결과, 뒤섞기 효과(반응시간이 길고 오답률이 높다)를 유발하는 주요인은 주어나 목적어와 같은 문법 기능(grammatical functions)임이 밝혀졌다고 설명했다. 즉, 구조상 상위 부분에 위치하는 주어 명사구를 넘어서 목적어 명사구가 문두로 이동해 산출되는 뒤섞기 어순문은 기본 어순문에 비해 통사적으로 더욱 복잡한 구조(즉, 보다 많

은 절점)를 가지며, 그 구조상의 복잡함이 뒤섞기 어순문의 문이해에 보다 커다란 처리 부담을 안긴다고 설명했다. 더욱이 문장 오판단 과제를 이용한 실험 이외에도 Mazuka et al(2002)의 안구운동(eye-movement)을 측정한 실험에서는 실험 참가자가 기본 어순문의 최초 명사구와 뒤섞기 어순문의 2번째 명사구를 읽을 때의 안구운동을 비교해 기본 어순문 보다도 뒤섞기 어순문 쪽이 통계적으로 유의미하게 길게 응시하고, 많은 역행 운동을 하는 것으로 밝혀졌다. 또한 프라이밍 효과(priming effects)를 관찰함으로써 일본어 타동사 문의 두 가지 어순의 통사구조 차이를 해명하려고 한 연구도 많이 찾아볼 수 있다. 프라이밍 효과란 예를 들어 단어를 떠올릴 때, 한 번 보거나 들은 단어보다도 두 번 혹은 세 번 보거나 들은 단어가 뇌 속에서 더 활성화되기 때문에 보다 빨리 단어를 떠올릴 수 있다는 현상(효과)을 일컫는다. Miyamoto and Takahashi(2002)는 탐사어 재인 과제 (probe-word recognition task)에서 실험 참가자가 뒤섞기 어순문(예를 들면 '학교에서 문제를 제출한 교사를 아주 똑똑한 학생이 <gap> 보았다')을 읽을 때는 제시된 탐사어 (여기서는 '문제')를 문두(文頭)의 위치와 문말(文末)에 가까운 흔적(t) 위치에서 두 번 확인하기 때문에 흔적을 갖지 않는 기본 어순문(예를 들면, '학교에서 문제를 제출한 교사가 아주 똑똑한 학생을 보았다')에 비해, 뒤섞기 어순문이 프라이밍 효과가 컸다(반응시간이 빨랐다)고 보고했다. 이와 같은 일본어 타동사 문의 뒤섞기 어순문 효과는 일본어 모국어화자 뿐만아니라 일본어를 제2언어로 습득 중인 상급레벨의 한국인과 중국인을 대상으로 한 심리실험에서도 확인되었다(玉岡 2005, 金·

小泉 2007).

실어증 환자를 대상으로 한 Hagiwara and Caplan(1990)의 실험에서는 뒤섞기 어순문의 정답률이 반반(50%)일 확률에 가까운 64%에 그쳤다고 보고했다. 이 결과는 불의의 사고로 브로카 영역에 손상을 입어 결과적으로 뒤섞기 어순문의 문처리(이해)가 어렵게 된 것이 그 원인이라 해석할 수 있겠다. 다시 말하자면 일반인의 경우에는 공소 보충 해석(空所補充解析, 목적어가 주어를 넘어서 문두에 위치하는 뒤섞기 어순문의 목적어는 이동하기 전의 원래 위치인 주어 다음 자리(공소)에서 해석된다)이 큰 부담이 될 만큼 어렵지 않지만, 실어증 환자의 경우에는 뒤섞기 어순문의 문장 처리에 부수되는 필러(filler)와 갭(gap)의 관계를 일반인처럼 자연스럽게 처리할 수 없고 그 결과, 정답률이 눈에 띄게 낮아지는 것으로 보인다.

한편, Ueno et al(2003)는 사건 관련 전위(ERP, Event-Related Potential)를 이용한 실험에서 흔적(t) 위치의 앞 문절(pre-gap region, 예문에서는 이탤릭체 부분)의 제시와 동기해 P600이 나타났다고 보고했다(예를 들면,「あの地元の新聞によると,それをその*命知らずの冒険家が*とうとう__見つけたんですか？」(저 지역신문에 의하면, 그것을 그 겁없는 모험가가 드디어 발견했나요?). P600은 실험문이 제시된 다음에 정점 잠재기(peak latency)가 약 600 ms인 양성파를 일컫는 성분으로, 형태 통사적 위반(morphosyntactic violation), 예를 들면 주어-동사의 불일치나 재분석(reanalysis) 등과 관련하는 성분이다(Hagoort et al 1993, Friederici 2002, Bornkessel et al 2003). 이 실험 결과를 통해 일본어 뒤섞기 어순문의 문장 처리에서도 영어나

독일어를 이용한 ERP 실험에서 확인된 결과와 같은 필러(filler)의 유지(slow anterior negativity)나 재생(Phasic LAN), 갭(gap) 위치에서의 통합처리(filler-gap)를 반영하는 ERP 성분(P600)이 관찰되며, 또한 일본어 뒤섞기 어순문에서는 주격 명사구가 출현한 단계에서 필러의 통합이 일어난다는 사실은 즉시적 처리 모델을 지지하는 결과라고 결론지었다.

이상과 같이 일본어 타동사 문의 뒤섞기 어순문 조작(scrambling)에 의해 생성되는 뒤섞기 어순문의 문이해(처리)에 관한 연구는 이론언어학이나 심리언어학 분야에서 활발하게 이루어졌다. 하지만 인지뇌과학의 관점에서 이루어진 연구는 거의 찾아볼 수 없다. 그래서 이하에서는 뒤섞기 어순문이 인간의 뇌 활동에 어떠한 영향을 미치는지를 조사한 fMRI 연구에 대해 고찰한다.

3. fMRI (functional Magnetic Resonance Imaging) 실험

3.1 실험 참가자

일본 동북대학교에 재학 중인 대학생과 대학원생 42명(남성 32명, 여성 10명, 평균연령 22.3세, SD=3.83)이 참가했다. 참가자 전원은 신경학적, 정신적 이상이 없는 오른손잡이로 일본어를 모국어로 하는 일본인이었다. 에딘버러의 손잡이 조사를 이용해 오른손잡이와 왼손잡이를 특정했다(Oldfield 1971). 또한 헬싱키 선언(Declaration of Helsinki)에 따라 참가자 전원에게 실험 내용과 안전성에 대해 충분히 설명한 후에 서면으로 동의를 받았다.

3.2 실험문

fMRI 실험 전에 'NTT 데이터베이스 시리즈'(天野·近藤 2003)를 이용해 친밀도가 높은 어휘리스트를 순차적으로 선별한 단어를 사용해 기본 어순문 120문과 기본 어순문의 주어와 목적어 순서를 바꾼 뒤섞기 어순문 120문을 작성해 예비실험을 했다. 예비실험에는 동북대학교 학부생 15명(평균연령 20.4세, SD=0.93)의 일본어 모국어 화자가 참가했다. 예비실험에 앞서 참가자에게는 실험의 취지를 충분히 설명했다. 그리고 실험 참가 동의서에 서명을 받은 후에 실험을 실시했다. 실험방법은 참가자가 키보드의 스페이스 키를 누르면 컴퓨터 모니터의 중앙에 실험문이 1문절 씩 제시되는 '자기조절 읽기 과제(self-paced reading task)'를 사용했다. 참가자에게는 제시된 문장이 일본어로서 자연스러운 문장인지 아닌지를 가능한 한 정확하고 빠르게 마우스를 클릭해 판단하도록 지시했다. 실험문 제시 소프트는 인터넷에서 연구용으로 공개하고 있는 프리 소프트 'LinguaLab ver. 3.05'(玄海堂)를 사용했다. 예비실험에서 오답률이 낮고 반응시간이 빠른 기본 어순문(CS, Canonical Sentence)과 뒤섞기 어순문(SS, Scrambled Sentence)을 각각 36문씩 골라 fMRI의 실험문으로 채택했다.

기본 어순문(36문)과 뒤섞기 어순문(36문)의 실험문 중에 각각 18개는 문법적이고 의미상으로도 아무런 문제가 없는 문장이고, 18개는 문법적인 문장이지만 의미상으로 어색하거나 성립되지 않는 문장으로 구성했다. 또한 3번째 문절에 출현하는 동사가 제시되기 전에 의미상으로 어색한 문장인지 아닌지를 판단할 수 없도록 주어와 동사가 의미상으로 성립하지 않는 문장(9문)과 목적어와 동사가 의미상으로 성립하지 않는 문장(9문)으로 나누었다. 참가자에게는 3번째 문절(동사)을 읽은 후에 방금 읽은 문장이 의미적으로 올바른 문장인지 아닌지를 가능한 한 빨리 그리고 정확하게 판단해 버튼(YES/NO)을 누르도록 지시했다. 또한 fMRI 실험에는 예비실험을 통해 선별한 실험문(기본 어순문과 뒤섞기 어순문)에 단어를 처리할 때의 뇌 활동을 특정하기 위한 단어 과제(WM, Working Memory)를 추가로 준비했다. 단어 과제(WM)는 기본 어순문 과제(CS)와 뒤섞기 어순문 과제(SS)와 같은 문장을 이해(처리)할 때 사용되는 뇌 활동과 비교하기 위한 소선으로 기본 어순문과 뒤섞기 어순문에서 사용된

실험문 중에서 36개의 단어 리스트를 사용해 작성했다. 참가자에게는 3개의 단어가 모두 다른 단어로 구성되어 있는지, 아니면 하나라도 같은 단어가 들어 있는지를 가능한 한 빠르고 정확하게 판단하게 했다. 3개의 단어가 모두 다른 단어리스트를 <YES>, 같은 단어가 섞여 있는 단어리스트를 <NO>로 통계 처리했다. 단어 과제도 기본 어순문 과제, 뒤섞기 어순문 과제와 마찬가지로 첫 번째 단어와 세 번째 단어(9개의 단어리스트), 두 번째와 세 번째 단어(9개의 단어리스트)가 같은 단어(NO인 단어리스트)가 되도록 작성해 참가자가 세 번째 단어를 읽기 전에 YES/NO 판단을 할 수 없도록 했다. 더욱이 문절의 길이가 서로 달라 반응시간(YES/NO 버튼을 누르기까지의 시간)에 차이가 발생하는 것을 방지하기 위해 모든 실험문의 문절은 4모라(mora, 음의 분절 단위)가 되도록 조절했다.

(6) a. 기본 어순문 과제(36개 문장)
(YES) 教師が 生徒を まもった。 (18개)
(NO) 夫婦が 離婚を 沸かした。 (18개)

b. 뒤섞기 어순문 과제(36개 문장)
(YES) 生徒を 教師が まもった。 (18개)
(NO) 離婚を 夫婦が 沸かした。 (18개)

c. 단어 과제(36개의 단어리스트)
(YES) 機会を 両手を 時計を (18개)
(NO) 信じた 感じた 信じた (18개)

3.3 fMRI 실험과제

fMRI 실험은 휴식 과제(R, Rest)와 기본 어순문 과제(CS, Canonical Sentence), 뒤섞기 어순문 과제(SS, Scrambled Sentence), 단어 과제(WM, Working Memory)의 네 가지 과제를 사용해 블록 디자인(blocked design)으로 진행했다([그림5-1])

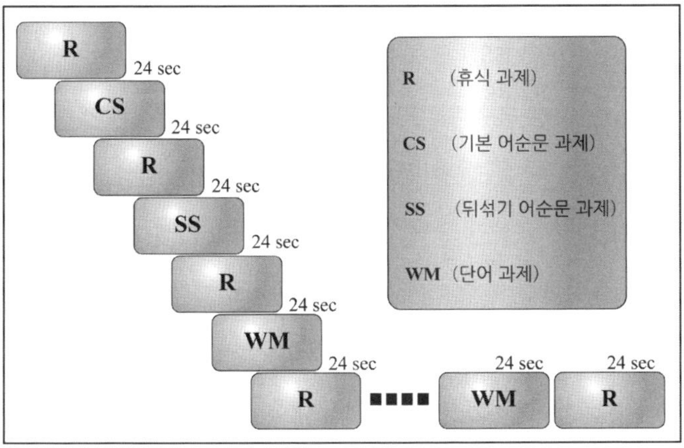

[그림 5-1] 블록 디자인으로 구성된 fMRI 실험 과제

(각 블록은 6개의 문장 또는 6개의 단어로 구성되었으며, 각각 6번 제시했다 각 블록의 제시 시간은 24초로 과제와 과제 사이에 휴식 과제를 설정했다.)

각 과제 블록의 제시 순서는 (7)과 같이 세 가지 과제(CS, SS, WM)를 토대로 6가지 순서 타입을 작성해 참가자 간에 제시 순서를 조절했다. 최초 블록(6개의 문장)은 참가자가 MRI 장치에 익숙해지는 데 시간이 걸릴 것을 고려해 통계처리에는 반영하지 않았다.

(7) CS-SS-WM, CS-WM-SS, SS-CS-WM, SS-WM-CS, WM-CS-SS, WM-SS-CS
(CS, 기본 어순문 과제; SS, 뒤섞기 어순문 과제; WM, 단어 과제)

휴식 과제(24초) 다음에 제시되는 블록 과제가 문장 과제인지 단어 과제인지를 참가자가 알 수 있도록 문장 과제의 경우는 <文>, 단어 과제의 경우는 <單>이라는 과제 이름을 2초 동안 제시했다([그림 5-2]). 모든 실험문은 한 문절씩 제시하고 각 문절이 화면 중앙에 제시되는 시간은 0.5초였다. 또한 참가자가 첫 번째 문절에서 다음 문절로 바뀌는 것을 지각할 수 있도록 문절과 문절 사이에는 0.1초의 간격을 두었다. 예를 들면 단어 과제에서「探した 治した 治した」처럼「治した」가 두 번 연속 제시될 경우, 참가자가 같은 단어가 두 번 연속해서 출현했는지 아닌지를 판단할 수 없게 되는 것을 방지하려는 조치였다. 모든 실험문은 Macromedia사의 Director 8.5(Macromedia, Inc., San Francisco, CA)를 이용해 시각 실험문으로 프로젝트를 통해 MRI 실내의 스크린에 제시했다. 참가자에게는 MRI 실험에 참여하기 전에 본 과제와 같은 디지안으로 작성한 연습과제를 실시하고 동사 또는 3번째 단어가 제시된 다음부터 <+>가 화면 중앙에 표시된 동안 가능한 한 정확하고 빠르게 YES/NO 버튼을 누르도록 지시했다(최대 2800 ms).

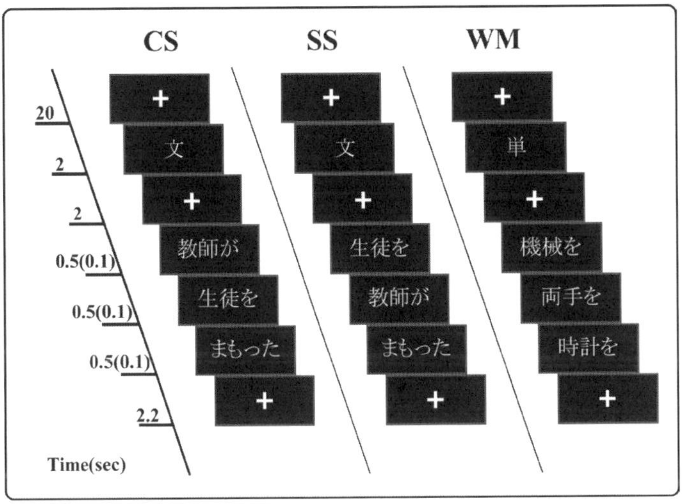

[그림 5-2] fMRI 실험의 과제 내용과 실험 디자인

(CS: 기본 어순문 과제, SS: 뒤섞기 어순문 과제, WM: 단어 과제, 기본 어순문 과제(CS)와 뒤섞기 어순문 과제(SS)에서는 참가자가 세 번째 문절의 동사가 제시된 다음부터 <+>마크가 제시된 동안, 제시된 문장의 의미가 자연스러운 문장인지 아닌지를 가능한 한 빨리, 그리고 정확하게 YES/NO 버튼을 눌러 판단하도록 지시했다. 단어 과제(WM)에서는 제시된 세 개의 단어가 모두 다른 단어일 경우에는 <YES> 버튼을, 세 개의 단어 중 같은 단어가 두 개 포함되어 있을 때는 <NO> 버튼을, 문장 과제와 마찬가지로 세 번째 단어가 제시된 다음부터 <+>마크가 제시된 동안에 가능한 한 정확하고 빨리 YES/NO 버튼을 누르도록 지시했다. 휴식 과제(R)에서는 스크린 중앙에 제시된 <+>마크를 20초 동안 응시하도록 지시했다.)

3.4 fMRI 데이터 촬영

fMRI 실험은 동북대학교의 Siemens Vision 1.5T의 MRI 장치를 이용해, 과제 수행 중의 뇌 활동 변화를 EPI(echo planar imaging) 화상으로 촬영했다(TR: 4000 ms, TE: 50 ms, FOV: 192 mm, 슬라이스 두께: 3 mm, voxel size: 4×4 mm, 총 스캔 수: 229장). 스캔을 개시한 직후의 첫 번째 3장은 BOLD 신호 조절을 위해 통계처리에서 제외했다. EPI 촬영 후에 각 참가자의 전뇌 형태 화상(T1 강조영상)을 촬영했다(TR: 2000 ms, TE: 3.93 ms, 슬라이스 두께: 1.0 mm, 슬라이스 갭: 1.0 mm, FOV: 256).

3.5 fMRI 데이터 분석

각 참가자의 과제 (기본 어순문 과제, 뒤섞기 어순문 과제, 단어 과제, 휴식 과제) 수행 중의 뇌 활동 영역을 특정하기 위해 Matlab 6.5 (http://www.mathworks.com/)가 설치되어 있는 데스크톱형 컴퓨터에 SPM2 (Wellcome Department of Cognitive Neurology, London, UK)를 설치한 후 분석을 실시했다. 각 참가자의 데이터(EPI, T1)를 해동한 다음 EPI 화상과 해부 화상(T1)의 위치를 조정하기 위한 작업(coregistration)을 실행했다. 그리고 각 참가자의 서로 다른 뇌 형상을 표준 뇌에 맞추기 위한 해부학적 표준화(anatomical normalization)를 실시했고, 각 참가자의 뇌 구조의 차이를 보정하기 위해 평활화(Gaussian filter는 9 mm를 사용)한 화상을 작성했다. 과제에 대한 각 참가자의 통계처리(前처리)를 실행한 다음에 참가자 전원의 데이터를 이용한 그룹 통계처리를 실행했다. 그룹 통계해석을 통해 모든 참가자에게 공통되는 뇌의 활동영역을 특정할 수 있다. 그리고 과제 간의 처리 부담 차이(예를 들면, 난이도) 등에 의한 뇌 활동의 증감을 배제하기 위해 각 참가자의 과제에 대한 반응시간과 오답률을 이용해 공변량(covariate)에 의한 통계처리를 실시했다.

각 과제의 활동 영역을 특정하기 위해 (8)과 같은 과제 간의 공제법(subtraction) 을 적용했다. 기본 어순문 과제(CS)에서 휴식 과제(R)를 공제해 기본 어순문의 문장처리에 고유하게 관련하는 뇌 활동 영역을 특정할 수 있으며, 뒤섞기 어순문 과제(SS)에서 휴식 과제(R)를 공제함으로써 뒤섞기 어순문의 문장 이해에 관련하는 뇌 활동 영역을 특정할 수 있다. 또한 기본 어순문 과제(CS)에서 단어 과제(WM), 뒤섞기 어순문 과제(SS)에서 단어 과제(WM)를 공제함으로 문장처리에 포함되는 단어(어휘)나 격조사의 영향을 배제해 어순의 차이에 의한 뇌 활동을 특정할 수 있다.

(8) a. 기본 어순문 과제(CS) vs. 휴식 과제(R)
b. 뒤섞기 어순문 과제(SS) vs. 휴식 과제(R)
c. 기본 어순문 과제(CS) vs. 단어 과제(WM)
d. 뒤섞기 어순문 과제(SS) vs. 단어 과제(WM)
e. 기본 어순문 과제(CS) vs. 뒤섞기 어순문 과제(SS)
f. 뒤섞기 어순문 과제(SS) vs. 기본 어순문 과제(CS)

MRI 실험에서는 이처럼 각 과제와 과제 간의 뇌 활동을 공제법(subtraction)을 통해 특정하며, 이렇게 특정된 영역을 그 과제에만 특화된 뇌 활동 영역이라고 해석한다. 조건 간의 공제법에 의해 특정된 활동 영역은 'Co-Planar Stereotaxic Atlas of the Human Brain'(Talairach and Tournoux 1998)을 토대로 뇌의 활동 영역을 동정했다.

4. 결과

4.1 반응시간과 오답률

세 번째 문절(동사) 또는 단어가 제시된 후, 참가자가 YES/NO 버튼을 누를 때까지의 시간을 반응시간으로 측정했다(최대 2800 ms). 참가자의 각 과제의 평균에서 표준 편차치의 ±2.5배를 벗어난 수치를 경계치(평균±2.5×표준편차)로 대체했다. 세 가지 과제(기본 어순문 과제, 뒤섞기 어순문 과제, 단어 과제)의 반응시간 및 오답률을 이용해 반복측정에 의한 분산분석을 시행했다.

<표5-1> 각 과제의 반응시간과 오답률

	반응시간(ms)		오답률(%)	
	평균	표준편차	평균	표준편차
기본 어순문(CS)	975	196	2.9	2.87
뒤섞기 어순문(SS)	998	257	4.7	3.90
단어 과제(WM)	943	147	4.4	4.34

반복측정에 의한 분산분석의 결과, 반응시간에서는 조건 간의 주효과가 통계적으로 유의미하지 않았지만[$F(2,82)=1.99$, $p=0.14$], 오답률에서는 조건 간의 주효과가 통계적으로 유의미했다[$F(2,82)=3.39$, $p<.05$]. 다음으로 세 가지 과제 간의 오답률에 대한 보다 상세한 검토를 위한 통계처리를 실행했다. 그 결과, [그림 5-3]에 제시한 대로

기본 어순문 과제(CS)와 뒤섞기 어순문 과제(SS)의 단순 비교에서 5% 수준에서 유의미했다[$F(1,41)=6.37$, $p<.05$]. 그러나 기본 어순문 과제(CS)와 단어 과제(WM)의 단순 비교와 뒤섞기 어순문 과제(SS)와 단어 과제(WM)의 단순 비교에서는 통계적으로 유의미한 차이는 없었다[$F(1,41)=4.06$, $p=0.051$] [$F(1,41)=0.19$, $p=0.67$].

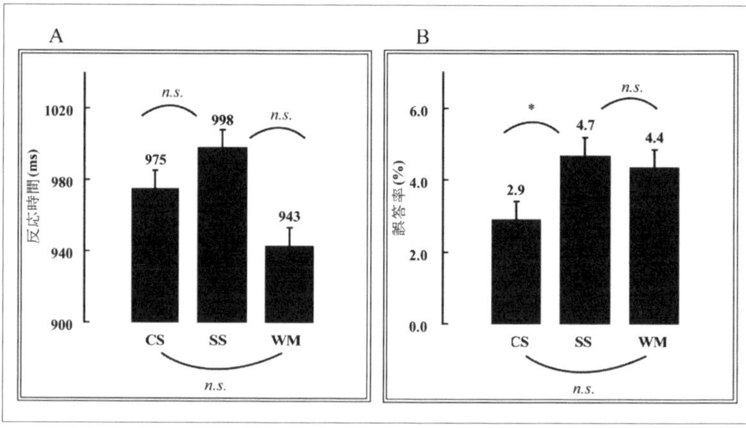

[그림 5-3] 각 과제의 반응시간(A)과 오답률(B)

(CS는 기본 어순문 과제, SS는 뒤섞기 어순문 과제, WM은 단어 과제를 나타냄. n.s.(no significant difference, 유의미한 차이가 없음), *$p<.05$.)

이상의 결과를 요약하면 세 가지 과제 간의 단순 비교의 결과, 오답률에 대해 뒤섞기 어순문(SS)과 기본 어순문(CS) 사이에는 통계적으로 유의미한 차이가 확인되었지만, 반응시간에서는 뒤섞기 어순문(SS) 쪽이 기본 어순문(CS)에 비해 조금 긴(23 ms) 경향을 보였지만 통계적으로 유의미한 차이는 발견하지 못했다.

4.2 fMRI 데이터

문장을 이해(처리)할 때의 대뇌피질의 활동영역을 특정하기 위해 기본 어순문 과제(CS)와 베이스라인으로 설정한 휴식 과제(R)를 비교했다. 그 결과, 양쪽의 상전두엽(SFG, Superior Frontal Gyrus)과 중전두엽(MFG, Middle Frontal Gyrus), 좌뇌의 중측두엽(L.MTG, Middle Temporal Gyrus, 통상 베르니케 영역), 양쪽의 하전두엽(IFG, Inferior Frontal Gyrus, 통상 브로카 영역) 등에 통계적으로 유의미한 활동이 관찰되었다. 뒤섞기 어순문 과제(SS)와 휴식 과제(R)를 비교한 결과에서도 <기본 어순문 과제 vs. 휴식 과제>의 비교에서 관찰된 활동 영역과 거의 비슷한 영역에 뇌 활동이 관찰되었다([그림5-4]의 A, B와 [표5-2]). 다음으로 문장 이해(처리)에 포함되는 격조사나 단어 등에 의한 영향을 배제하고 어순에 따른 뇌 활동을 특정하기 위해 <기본 어순문 과제(CS) vs. 단어 과제(WM)>와 <뒤섞기 어순문 과제(SS) vs. 단어 과제(WM)>를 비교했다. 그 결과, 양 조건의 비교에서 모두 좌뇌의 하전두엽(L.IFG), 좌뇌의 중전두엽(L.MFG), 좌뇌의 중측두엽(L.MTG, 베르니케 영역), 좌뇌의 상전두엽(L.SFG)에 활동이 관찰되었다([그림5-4]의 C, D와 [표5-2]). 마지막으로 <기본 어순문> 혹은 <뒤섞기 어순문>의 문장 이해(처리)에 고유하게 관련하는 뇌 활동 영역을 특정하기 위해 <기본 어순문 과제(CS) vs. 뒤섞기 어순문 과제(SS)>와 <뒤섞기 어순문 과제(SS) vs. 기본 어순문 과제(CS)>의 직접비교를 실행했다. 그 결과, 전자의 비교에서는 통계적으로 유의미한 활동영역을 찾아볼 수 없었지만, 후자의 비교에서는 좌뇌의 하전두엽(L. IFG)에 활동이 관찰되었다([그림5-5], [표5-2]).

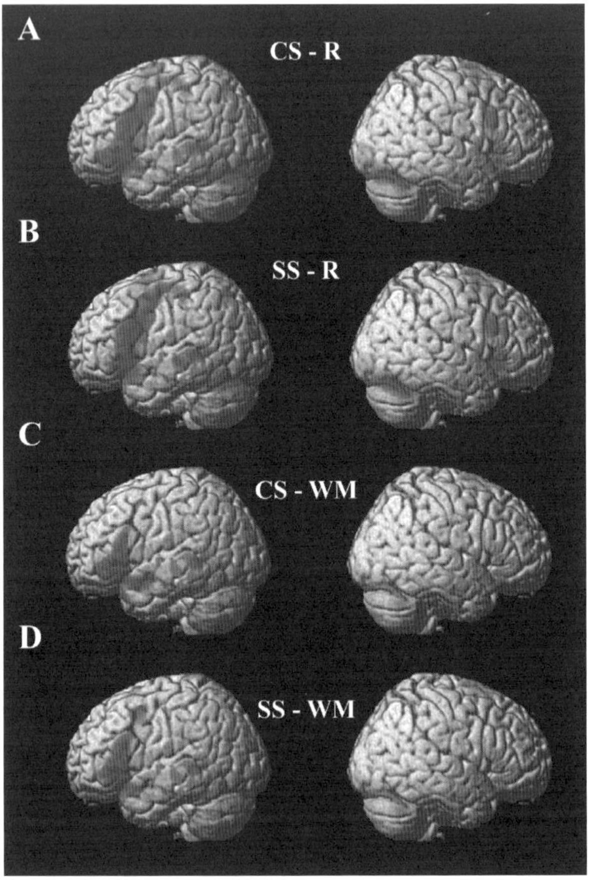

[그림 5-4] 각 과제 간의 비교에서 확인된 뇌 활동영역

(각 조건 간의 비교에서 기본 어순문을 이해할 때도 뒤섞기 어순문을 이해할 때도 언어중추인 좌뇌의 하전두엽(브로카 영역)을 비롯한 베르니케 영역과 보족운동영역(補足運動野) 등의 대뇌피질 활동이 확인되었다. 이것은 어순과 관계없이 인지처리에는 상당한 부분이 공통적으로 관여한다는 사실을 시사한다. 왼쪽은 좌반구인 좌뇌, 우측은 우반구인 우뇌)

뒤섞기 어순문 과제와 기본 어순문 과제의 직접 비교에서 통계적으로 유의미한 활동이 관찰된 좌뇌의 하전두엽(-58, 20, 20)을 관심영역(ROI, Region Of Interest)으로 지정해 각 과제(기본 어순문 과제, 뒤섞기 어순문 과제, 단어 과제)를 수행할 때의 뇌 활동 정도를 비교하기 위한 ROI 분석(ROI analysis)을 실행했다([그림5-5]). ROI는 말 그대로 어떤 특정 영역(실험자의 관심 영역)의 혈류변화를 조사하는 해석법을 가리킨다. [그림5-5]에 제시한 것처럼 반복측정에 의한 분산분석의 결과, 하전두엽(-58, 20, 20)의 세 가지 과제 간의 혈류변화의 주효과가 통계적으로 유의미했다[$F(2, 82)=46.4$, $p<.001$]. 다음으로 세 가지 과제 간의 혈류변화에 대해 더욱 상세한 검토를 하기 위한 단순비교를 실행했다. 그 결과, 기본 어순문 과제와 뒤섞기 어순문 과제의 단순비교에서 통계적으로 유의미한 차이가 있었다[$F(1, 41)=35.99$, $p<.001$]. 또한 기본 어순문 과제와 단어 과제, 뒤섞기 어순문 과제와 단어 과제의 각각의 단순비교에서도 통계적으로 유의미한 결과가 관찰되었다[$F(1, 41)=24.16$, $p<.001$][$F(1, 41)=69.82$, $p<.001$].

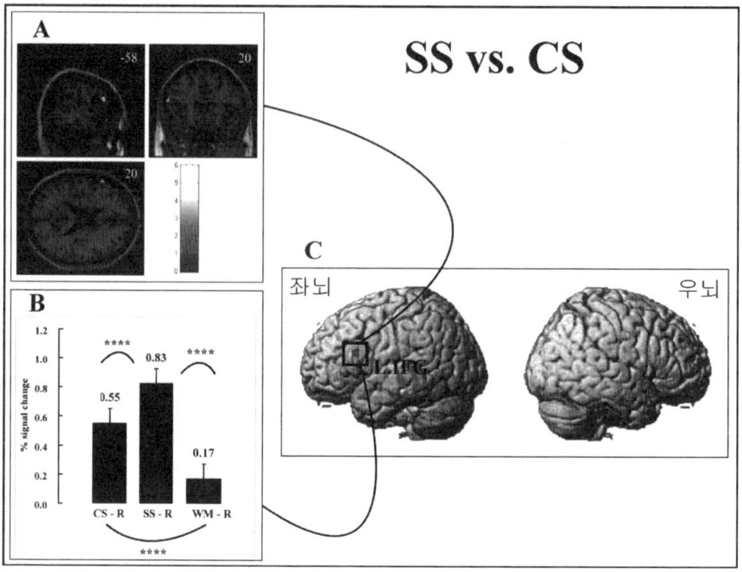

[그림 5-5] ROI분석(L.IFG, 좌뇌의 하전두엽)

(뒤섞기 어순문 과제와 기본 어순문 과제의 직접비교에서 활동이 확인된 하전두엽(-58, 20, 20)을 관심 영역으로 지정해 ROI 분석을 시행했다. A: 왼쪽 위가 시상면(矢狀面, sagittal), 왼쪽 아래가 축면(軸面, axial), 오른쪽 위가 관상면(冠狀面, coronal), 오른쪽 아래는 t値를 가리킨다. B: 각 과제에서 휴식 과제와 비교했을 때의 하전두엽(-58, 20, 20)의 뇌 활동양, C: 뒤섞기 어순문 과제에서 기본 어순문 과제를 직접 비교했을 때의 활동영역(P<0.05, FWE)).

5. 고찰

각 과제의 공제법을 통한 분석 결과 [그림5-4]처럼 어순(기본 어순문, 뒤섞기 어순문)에 관계없이 모든 과제에서 문장처리에 관련하는 영역이 기본적으로는 유사하다는 것을 알았다(브로카 영역, 베르니케 영역 등). 이것은 두 가지 어순의 문장 이해(처리)에 관련하는 인지처리가 상당 부분 공통적이라는 것을 시사한다. 또한 이들 영역은 종래 고전적인 언어영역이라 알려진 영역과도 일치한다. 다음으로 기본 어순문 또는 뒤섞기 어순문에 고유하게 관여하는 영역을 특정하기 위해 <기본 어순문 과제 vs. 뒤섞기 어순문 과제> <뒤섞기 어순문 과제 vs. 기본 어순문 과제>를 직접 비교한 결과, 전자에서는 통계적으로 유의미한 뇌 활동이 관찰되지 않았지만, 후자에서는 좌반구의 브로카 영역의 일부인 하전두엽(L.IFG)에 활동이 관찰되었다.

5.1 반응시간과 오답률

기본 어순문과 뒤섞기 어순문의 오답률을 단순비교한 결과, 뒤섞기 어순문이 기본 어순문보다 5% 수준에서 유의미하게 오답률이 높았다. 그러나, 반응시간의 단순비교에서는 뒤섞기 어순문이 기본 어순문 보다 조금 긴(23 ms) 경향을 보이는 데 그쳤고, 통계적으로 유의미하지는 않았다. 본 연구는 문절 제시에 의한 실험방법을 채택하고 있으며, 참가자가 문말(文末)의 동사를 기다리지 않고 명사구와 격조사의 정보를 이용해 문장처리를 실행하는 것이 가능하다. 다시 말하자면 첫 번째 문절에서 목적어 명사구가 제시되었을 때, 참가자는 주어 다음에 위치하는 목적어가 뒤섞기 조작에 의해 문장 맨 앞으로 이동한 것으로 추측해, 뇌 속에서 연속적으로 처리를 행함으로써 결과적으로 뒤섞기 어순문의 반응시간이 빨랐던 것으로 추측된다(Miyamoto and Takahashi 2002a, Nakano et al 2002).

5.2 좌뇌의 하전두엽(L.IFG)

좌반구의 하전두엽(L.IFG)을 포함한 브로카 영역은 통사적으로 복잡한 문장 이해(처리)에 관여하는 영역이라는 연구 결과를 비롯해(Caplan et al 1998, Dapretto and Bookheimer 1999, Hashimoto & Sakai 2002, Indefrey et al 2001, Inui et al 1998, Just et al 1996, Kang et al 1999, Stromswold et al 1996, Friederici et al 2006), 워킹 메모리 부하(working memory load)의 증대와 하전두엽의 상관관계를 보여주는 연구 보고도 찾아볼 수 있다(Ben-Shachar et al 2003, Fiebach et al 2005). 나아가 문법성 판단(Embick et al 2000)이나 문법 규칙의 획득(Opitz & Friederici 2003, Musso et al 2003) 등에 고유하게 관여하는 영역이라는 연구 결과 등, 언어이해(처리)와 깊이 관련하는 영역이라는 사실이 지지를 받아 왔다.

Stromswold et al(1996)은 PET(양전자 단층촬영, Positron-Emission Tomography)를 이용한 실험에서 통사처리의 난이도가 다른 두 가지 문장(중앙 메입문 vs. 우분지(right-branching) 구문)을 이해(처

리)할 때의 뇌 활동을 직접 비교해, 그 결과 좌뇌의 판개부(pars opercularis, BA 44)의 국소 뇌혈류량(rCBF, regional cerebral blood flow)이 증가했다고 보고하고 있다(판개부는 브로카 영역의 일부). 영어의 경우, 심리실험 등에서 주격 관계대명사를 포함하는 우분지 구문보다 목적격 관계대명사를 포함하는 중앙 메입문의 오답률이 더 높게 나타나고, 문장 이해에 더 긴 반응시간이 소요된다는 연구보고를 찾아볼 수 있으며(Caplan et al 1994, King and Just 1991), 위에서 설명했던 PET의 실험 결과는 심리실험 결과와의 정합성을 보여주는 것이다. 통사 구조의 복잡함과 브로카 영역의 뇌 활동에 상관관계가 존재한다는 사실은 PET 실험에 그치지 않고 fMRI 실험에서도 지지되었다(Ben-Shachar et al 2003, Cooke et al 2001, Röder et al 2002). Inui et al(1998)의 일본어 메입문을 이용한 fMRI 연구에서도 중앙 메입문(Taro-ga [Masaru-o taoshita Hanako-o] oshita.)이 좌분지 문장([Masaru-o taoshita Hanako-o] Taro-ga oshita.)을 이해할 때보다 브로카 영역(BA 44/45)의 활동이 더 높았다고 보고하고 있다. Friederici et al(2006)는 통사적인 복잡함을 3단계(예를 들면 0, 1, 2)로 나누어 실시한 독일어를 이용한 fMRI 실험에서 가장 복잡한 문장을 이해(처리)할 때에 하전두엽의 활동이 높아졌다고 보고했다(목적어의 위치 이동이 없는 기본 어순문(S-IO-DO-V)을 <복잡도 0>, 목적어의 위치 이동이 한 번인 뒤섞기 어순문(IO-S-DO-V)을 <복잡도 2>, 목적어의 위치이동이 두 번 있는 뒤섞기 어순문(IO-DO-S-V)을 <복잡도 3>으로 설정하고 있다).

계속해서 단기 기억(STM, Short-Term Memory)과 브로카 영역의 활동에 상관관계가 존재한다는 것을 시사하는 연구 결과도 찾아볼 수 있다. Cooke et al(2001)의 연구 그룹은 문법 구조(Subject-relative vs. Object-relative)와 단기기억(short vs. long)의 과제 조건을 도입한 2×2 디자인을 이용해 fMRI 실험을 했다. 이 연구팀에서는 필러(filler)와 갭(gap) 사이의 거리가 짧은 문장(short antecedent-gap)과 거리가 먼 문장(long antecedent-gap)을 실험문으로 이용했다. 전자는 이동 장소(문장의 앞부분)와 원래 위치 사이에 3개의 단어가, 후자는 7개의 단어가 포함되어 있었다. 이 실험 패러다임을 통해 이동 거리가 짧은 문장에서는 단기 기억의 부담(부하)이 작아지지만, 이동 거리가 먼 문장에서는 그만큼 단기 기억의 부담(부하)도 커질 것으로 예측했다. 실험 결과, 목적어 관계사절의 이동 거리가 먼 문장(object-relative, long antecedent-gap)을 이해(처리)할 때에는 하전두엽(BA 47)의 뇌 활동이 관찰되었지만, 그 이외의 문장(subject-relative, short antecedent-gap/subject-relative, long antecedent-gap/object-relative, short antecedent-gap)을 이해(처리)할 때에는 통계적으로 유의미한 하전두엽의 활동이 관찰되지 않았다고 보고하고 있다. 이 사실을 통해 Cooke et al(2001)는 좌반구의 하전두엽은 단기 기억(STM)의 부담(부하)과 상관관계에 있다고 보고했다. 또한 Fiebach et al(2005)는 문장의 길이는 같지만 <어순(SO vs. OS)>과 <이동 거리(short vs. long)>가 다른 네 가지 WH 의문문 과제(Short-subject, Short-object, Long-subject, Long-object)를 이용한 실험에서 어순에 의한 효과(대뇌피질의 활동)는 나타나지 않고 이동장소의 원래 위치(trace)의 거리가 짧은지 긴지에서 브로카 영역의 활동에 영향을 미친다는 사실을 확인하고, 브로카 영역의 활동은 어순과 같은 통사 구조의 복잡도(syntactic complexity)가 아니라 이동 거리의 차이에 동반되는 워킹 메모리 부하(working memory load)의 정도와 상관관계에 있다고 논했다.

그러나, 위에서 언급한 일련의 연구 결과는 장문의 문장처리(예를 들면, 장거리 이동을 포함하는 뒤섞기 어순문)에 있어서의 통사 처리와 브로카 영역의 상관관계, 혹은 워킹메모리 부하가 커짐에 따라 브로카 영역의 활동량도 커진다는 것을 시사하는 데 그치고 있으며, 단거리 이동을 포함하는 뒤섞기 어순문의 문장처리와 브로카 영역의 상관관계를 밝히는 데는 실패했다(Wartenburger et al 2003). 본 연구는 일본어 타동사 문을 구축하는 가장 단순한 구성소(주어, 목적어, 동사)를 이용한 최소대립 페어(minimal pair)의 이항동사문을 이용한 실험이며 그 결과, 기본 어순문과 뒤섞기 어순문의 문장 처리에 관련하는 대뇌피질 영역은 거의 유사하지만, 기본 어순문의 문장 처리에 비교해 뒤섞기 어순문의 문장처리(이해)에 좌뇌의 하전두엽(L.IFG)이 통계적으로 유의미하게 강하게 활동한다는 사실을 확인했다. 이 결과는 뒤섞기 어순문은 이동 조작에 의해 산출된 공소(gap)와 그 메입어(filler)의 의존관계를 갖는다는 점에서 기본 어순문보다도 통사 구조가 복잡하다고 주장하는 이론 언어학이나 심리 언어학의 가설을 지지하는 것이라 할 수 있겠다. 또한 대부분의 선행 연구가 영어의 WH 구문이나 독일어 뒤섞기 어순문을 이용해 이루어져 왔지만, 본 연구 결과를 통해 WH 이동과 뒤섞기 어순문과 같은 이동의 통사 구조의 차이나 개별언어의 차이와는 상관없이 통사 구조의 복잡함(예를 들면

filler-gap dependency)과 브로카 영역의 뇌 활동의 상관관계는 모든 언어에서 공통된다는 사실을 인지 뇌과학의 관점에서 명확하게 밝힐 수 있었다.

6. 마무리와 앞으로의 과제

이동 조작에 의해 산출되는 일본어 뒤섞기 어순문은 공소(gap)와 메입어(filler)의 의존관계(filler-gap dependency)를 갖는다는 점에서 기본 어순문에 비해 통사 구조가 더 복잡하다는 사실이 이론 언어학의 가설이나 심리언어학의 연구에서 지지를 받아왔다. 본 연구는 뇌 기능 화상법이라는 새로운 연구 수법을 이용한 연구로, 실험 결과 뒤섞기 어순문을 이해(처리)할 때에 왼쪽 뇌의 하전두엽(L.IFG)의 활동이 기본 어순문에 비해 더욱 활발하다는 사실을 확인했다. 하전두엽을 포함한 브로카 영역은 고전적으로 언어처리에 고유하게 관련하는 영역이라 알려져 왔으며, 선행 연구에서도 장거리 이동을 포함하는 뒤섞기 어순문의 문장처리나 구조 의존성을 가리키는 변형구조(예를 들면, 계층구조)의 문장을 처리(이해)할 때에 활동한다는 것이 확인되었다. 본 연구의 결과는 이론 언어학이나 심리언어학에서의 지금까지의 가설을 인지 뇌과학의 관점에서 명확히 밝혔으며, 또한 본 연구 결과는 Hagiwara and Caplan(1990)에서 보고하고 있는 브로카 실어증 환자가 뒤섞기 어순문의 이해에 곤란함을 동반한다는 심리실험의 결과와도 정합적이다. 앞으로는 의미 역할의 계층(thematic hierarchy)이나 격조사의 계층(case hierarchy), 유생성의 계층(animacy hierarchy)과 같은 선형순서(linear order) 등이 대뇌피질의 활동에 어떠한 영향을 미치는지에 관한 더 많은 연구가 필요하겠다.

[표 5-2] 과제 간의 비교를 통해 밝혀진 뇌활동 영역

Brain regions	Talairach coordinates			t-Value	BA	Brain regions	Talairach coordinates			t-Value	BA
	x	y	z				x	y	z		
	CS – R						SS – R				
L.SFG	-6	2	64	11.96	6	L.SFG	-6	2	62	14.33	6
R.SFG	4	12	56	9.06	6	R.SFG	2	12	54	13.02	6
L.MFG	-46	4	40	10.89	6/9	L.MFG	-44	4	40	12.02	6/9
R.MFG	58	14	38	8.16	8/9	R.MFG	52	34	28	5.72	9/46
							60	20	28	9.83	9
L.MTG	-58	-48	4	9.31	21	L.MTG	-56	-42	2	8.68	21
							-52	-30	-4	7.75	21
							-60	-26	-2	7.50	21
L.IFG	-54	16	30	11.04	9/44	L.IFG	-48	12	30	11.38	9/44
							-56	14	28	12.37	44
R.IFG	40	22	-4	8.86	45/47	R.IFG	52	42	-10	8.40	47

	50	24	-12	6.35	45/47		40	18	-2	9.08	47
	54	14	30	8.32	9/44		52	24	-8	8.14	47
							58	30	16	6.01	45
L.SPL	-30	-66	50	8.63	7	L.SPL	-30	-64	48	8.67	7
						R.SPL	38	-58	48	6.16	7
L.Insula	-34	20	0	10.45	13						
L.Lingual Gyrus	-14	-86	-14	8.96	18						
L.Declive	-46	-58	-20	9.12		R.Declive	26	-62	-22	12.64	
R.Declive	24	-78	-20	9.17							
						L.Pyramis	-4	-76	-24	9.58	
						L.Lentiform Nucleus	-22	6	4	6.48	

	CS – WM						SS – WM				
L.IFG	-50	32	-10	9.83	47	L.IFG	-54	26	-2	13.06	47
	-54	8	-18	8.63	44		-56	24	20	9.54	45
L.MFG	-48	8	50	6.41	6	L.MFG	-48	6	50	7.69	6
							-10	10	70	5.84	6
L.MTG	-62	-44	-2	7.65	21	L.MTG	-62	-44	0	6.91	21
	-62	-50	6	6.60	21		-62	-52	4	6.60	21
L.SFG	-6	42	46	5.54	8	L.SFG	-4	16	60	6.70	6
L.STG	-42	22	-30	8.27	38						
	-56	-54	18	6.15	22						

	CS – SS						SS – CS				
	No Significant Activation					L.IFG	-58	20	20	6.00	45

L(Left, 좌뇌), R(Right, 우뇌), SFG(Superior Frontal Gyrus, 상전두엽), MFG(Middle Frontal Gyrus, 중전두엽), IFG(Inferior Frontal Gyrus, 하전두엽), STG(Superior Temporal Gyrus,상측두엽), MTG(Middle Temporal Gyrus, 중측두엽), SPL(Superior Parietal Lobule, 상두정소엽), Declive(산복(山腹)), Insula(도(島)), Lingual Gyrus(혀이랑=설회(舌回), Pyramis(추체), Lentiform Nucleus(렌즈핵), BA(Broadmann Area, 브로드만 영역의 번호), *x, y, z*는, 각각 T치가 정점에 달한 영역의 Talairach좌표를 나타냄(X축=뇌의 좌우방향, Y축=뇌의 전후방향, Z축=뇌의 상하방향). t-Value(t치)는 각 과제를 비교했을 때 통계적으로 유의미한 뇌활동이 관찰된 영역의 T치를 가리킴.($P<0.05$, FWE)

【참고문헌】

Albritton, D.W., Mckoon, G., and Ratcliff, R. (1996) Reliability of prosodic cues for resolving syntactic ambiguity. *Journal of Experimental Psychology: Learning, Memory, and Cognition*, 22, 714-735.

Altmann, G.T.M., van Nice, K.Y., Garnham, A., and Henstra, J.A. (1998) Late closure in context. *Journal of Memory and Language*, 38, 459-484.

Aoshima, S., Phillips, C., and Weinberg, A. (2004) Processing filler-gap dependencies in a head-final language. *Journal of Memory and Language*, 51, 23-54.

Ben-Shachar, M., Hendler, T., Kahn, I., Ben-Bashat, D., and Grodzinsky, Y. (2003) The neural reality of syntactic transformations: evidence from fMRI. *Psychol Science,* 14, 433– 440.

Boatman, D., Gordon, B., Hart, J., Selnes, O., Miglioretti, D., and Lenz, F. (2000) Transcortical sensory aphasia: revisited and revised. *Brain*, 123, 1634-1642.

Bock, J.K. (1986) Syntactic persistence in language production. *Cognitive Psychology*, 18, 355-387.

Bock, J.K. (1989) Closed-class immanence in sentence production. *Cognition*, 31, 163-186.

Bock, J.K., and Griffin, Z.M. (2000) The persistence of structural priming: Transient activation or implicit learning? *Journal of Experimental Psychology: General*, 129, 177-192.

Bock, J.K., and Levelt, W. (1994) Language production: Grammatical encoding. In Gernsbacher, Morton Ann (Ed). (1994) *Handbook of Psycholinguistics*, 945-984. San Diego, CA: Academic Press.

Bock, J.K., and Loebell, H. (1990) Framing sentences. *Cognition*, 35, 1-39.

Bock, J.K., and Warren. R. (1985) Conceptual accessibility and syntactic structure in sentence formulation. *Cognition*, 21, 47-67.

Bock, J.K., Dell, G.S., Chang, F., and Onishi, K.H. (2007) Persistent structural priming from language comprehension to language production. *Cognition*, 104, 437-458.

Bornkessel, I., Schlesewsky, M., and Friederici, A.D. (2003) Eliciting thematic reanalysis effects: the role of syntax-independent information during parsing. *Language and Cognitive Processes*, 18, 269-298.

Branigan, H.P., Pickering, M.J., and Tanaka, M. (2008) Contributions of animacy to grammatical function assignment and word order during production. *Lingua*, 118, 172-189.

Branigan, H.P., Pickering, M.J., and Cleland, A.A. (1999) Syntactic priming in written production: Evidence for rapid decay. *Psychonomic Bulletin and Review*, 6, 535-540.

Branigan, H.P., Pickering, M.J., and McLean, J.F. (2005) Priming prepositional-phrase attachment during language comprehension. *Journal of Experimental Psychology: Learning, Memory, and Cognition*, 31, 468-481.

Byrne, B., and Davidson, E. (1985) On putting the horse before the cart: Exploring conceptual bases of word order via acquisition of a miniature artificial language. *Journal of Memory and Language*, 24, 377-389.

Caplan, D., Hildebrandt, H., and Waters, G.S. (1994) Interaction of verb selectional restrictions, noun animacy, and syntactic form in sentence processing. *Language and cognitive processes*, 9, 549-585.

Caplan, D., Alpert, N., and Waters, G. (1998) Effects of syntactic structure and propositional number on patterns of regional cerebral blood flow. *Journal of Cognitive Neuroscience*, 10, 541-552.

Caramazza, A. (1997) How many levels of processing are there in the lexical access? *Cognitive Neuropsychology*, 14, 177-208.

Chang, F., Dell, G.S., Bock, J.K., and Griffin, Z.M. (2000) Structural priming as implicit learning: A comparison of models of sentence production. *Journal of Psycholinguistic Research*, 29, 217-229.

Chomsky, N. (1995) *The Minimalist Program*. Cambridge, MA, MIT Press.

Cohen, L., and Dehaene, S. (2004) Specialization within the ventral stream: the case for the visual word form area. *NeuroImage*, 22, 466-476.

Cooke, A., Zurif, E.B., DeVita, C., Alsop, D., Koenig, P., Detre, J., Gee, J., Piñango, M., Balogh, J., and Grossman, M. (2001) Neural basis for sentence comprehension: grammatical and short-term memory components. *Hum Brain Mapping*, 15, 80 –94.

Dapretto, M., and Bookheimer, S.Y. (1999) Form and content: dissociating syntax and semantics in sentence comprehension. *Neuron*, 24, 427- 432.

De Smedt, K. (1990) IPF: An incremental parallel formulator. In R. Dale, C. Mellish, and M. Zock (Eds.), *Current Research in Natural Language Generation*, 167-192. London: Academic Press.

De Vincenzi, M. (1991) *Syntactic parsing strategies in Italian*. Dordrecht: Kluwer.

Dell, G.S. (1986) A Spreading-activation Theory of Retrieval in Sentence Production. *Psychological Review*, 93(3), 283 321.

Dronkers, N.F., Wilkins, D.P., Van Valin Jr., R.D., Redfern, B.B., and Jaeger, J.J. (2004) Lesion analysis of the brain areas involved in language comprehension. *Cognition*, 92, 145-177.

Embick, D., Marantz, A., Miyashita, Y., O'Neil, W., and Sakai, K.L. (2000) A syntactic specialization for broca's area. *Proceedings of the National Academy of Sciences of the United States of America,* 97, 6150-6154.

Ferreira, F. (1994) Choice of passive voice is affected by verb type and animacy. *Journal of Memory and Language*, 33, 715–736.

Ferreira, V.S., and Bock. J.K. (2006) The functions of structural priming. *Language and Cognitive Processes*, 21, 1011–29.

Ferstl, E.C., Neumann, J., Bogler., and von Cramon, D.Y. (2008) The extended language network: A meta-analysis of neuroimaging studies on text comprehension. *Human Brain Mapping*, 29, 581-593.

Fiebach, C.J., Schlesewsky, M., Lohmann, G., von Cramon, D.Y., and Friederici, A.D. (2005) Revisiting the role of Broca's area in sentence processing: syntactic integration versus syntactic working memory. *Human Brain Mapping*, 24, 79-91.

Fodor, J.D. (1978) Parsing strategies and constraints on transformations. *Linguistic Inquiry*, 9, 427–73.

Frazier, L. (1978) *On Comprehending Sentences: Syntactic Parsing Strategies*. Doctoral dissertation, University of Connecticut.

Frazier, L. (1987) Sentence processing: A tutorial review. In M. Coltheart (Ed.) Attention and Performance XII: *The Psychology of Reading*, 559-586. Hillsdale, NJ: Erlbaum.

Frazier, L., and Clifton, C.Jr. (1989) Successive cyclicity in the grammar and the parser. *Language and Cognitive Processes*, 4, 93-126.

Frazier, L., and Fodor, J.D. (1978) The sausage machine: A new two-stage parsing model. *Cognition*, 6, 291-325.

Friederici, A.D., and Katz, S.A. (2003) The brain basis of syntactic processes: functional imaging and lesion studies. *NeuroImage*, 20, S8-S17.

Friederici, A.D., Bahlmann, J., Hein, S., Schubotz, R.I., and Anwander, A. (2006) The brain differentiates human and non-human grammars: Fnctional localization and structural connectivity. *Proceedings of the National Academy of Science of the United States of America*, 103, 2458-2463.

Friederici, A.D. (2002) Towards a neural basis of auditory sentence processing. *Trends in Cognitive Sciences*, 6, 78-84.

Friederici, A.D., Fiebach, C.J., Schlesewsky, M., Bornkessel, I.D., and von Cramon, D.Y. (2006) Processing linguistic complexity and grammaticality in the left frontal cortex. *Cerebral Cortex*, 16, 1709–1717.

Fromkin, V.A. (1971) The non-anomalous nature of anomalous utterances. *Language*, 47, 27-52.

Gaillard, R., Naccache, L., Pinel, P., Clemenceau, S., Volle, E., Hasboun, D., Dupont, S., Adam, C., and Cohen, L. (2006) Direct intracranial, fMRI, and lesion evidence for the causal role of left inferotemporal cortex in reading. *Neuron*, 50, 191-204.

Garrett, M.F. (1975) The analysis of sentence production. In Bower, G. (Ed.). *The Psychology of Learning and Motivation: Advances in Research and Theory*, Vol. 9, 133-177. New York: Academic Press.

Gibson, E., Hickok, G., and Shütze, C.T. (1994) Processing empty categories: A parallel approach. *Journal of Psycholinguistic Research*, 23, 381-405.

Grodzinsky, Y., and Santi, A. (2008) The battle of Broca's region. *Trends in Cognitive Sciences*, 12, 474-480.

Guenther, F.H., Nieto-Castanon, A., Ghosh, S.S., and Tourville, J.A. (2004) Representation of sound categories in auditory cortical maps. *Journal of Speech, Language, and Hearing Research*, 47, 46-57.

Hagiwara, H., and Caplan, D. (1990) Syntactic comprehension in Japanese aphasics: effects of category and thematic role order. *Brain and Language*, 38, 159-170.

Hagoort, P., Brown, C., and Groothusen, J. (1993) The syntactic positive shift as an ERP measure of syntactic processing. *Language and Cognitive Processes*, 8, 439-483.

Hagoort, P. (2003) Interplay between syntax and semantics during sentence comprehension: ERP effects of combining syntactic and semantic violations. *Journal of Cognitive Neuroscience*, 15, 883-899.

Hashimoto, R., and Sakai, K.L. (2002) Specialization in the left prefrontal cortex for sentence comprehension. *Neuron*, 35, 589-597.

Hickok, G., and Poeppel, D. (2007) The cortical organization of speech processing. *Nature Reviews Neuroscience*, 8, 393-402.

Hoeks, J., Hendriks, P., Vonk, W., Brown, C., and Hagoort, P. (2006) Processing NP-versus S- coordination ambiguity: thematic information does not completely eliminate processing difficulty. *Quartery Journal of Experimental Psychology A*, 59, 1581-1599.

Hoji, H. (1985) *Logical form constraints and configurational structures in Japanese*, Dortoral dissertation, University of Washington.

Humphries, C., Binder, J.R., Medler, D.A., and Liebenthal, E. (2006) Syntactic and semantic modulation of neural activity during auditory sentence comprehension. *Journal of Cognitive Neuroscience*, 18, 665-679.

Indefrey, P., Hagoort, P., Herzog, H., Seitz, R.J., and Brown, C.M. (2001) Syntactic processing in left prefrontal cortex is independent of lexical meaning. *NeuroImage*, 14, 546-555.

Indefrey, P., and Levelt, W.J.M. (2004) The spatial and temporal signature of word production components. *Cognition*, 92, 101-144.

Indefrey, P., Hellwig, F., Herzog, H., Seitz, R.J., and Hagoort, P. (2004) Neural responses to the production and comprehension of syntax in identical utterances. *Brain and Language*, 89, 312-319.

Indefrey, P. (2007) Brain-imaging studies of language production. In G. Gaskell (Ed.), *The Oxford Handbook of Psycholinguistics*, 547-564.

Inui, T., Otsu, Y., Tanaka, S., Okada, T., Nishizawa, S., and Konishi, J. (1998) A functional MRI analysis of comprehension process of Japanese sentences. *NeuroReport*, 9, 3325 -3328.

Jobard, G., Crivello, F., and Tzourio-Mazoyer, N. (2003) Evaluation of the dual route theory of reading: a metanalysis of 35 neuroimaging studies. *NeuroImage*, 20, 693-712.

Just, M.A., Carpenter, P.A., Keller, T.A., Eddy, W.F., and Thulborn, K.R. (1996) Brain activation modulated by sentence comprehension. *Science*, 274, 114-116.

Kamide, Y., Altmann, G.T.M., and Haywood, S.L. (2003) The time-course of prediction in incremental sentence processing: Evidence from anticipatory eye-movements. *Journal of Memory and Language*, 49, 133-156.

Kang, A.M., Constable, R.T., Gore, J.C., and Avrutin, S. (1999) An event-related fMRI study of implicit phrase-level syntactic and semantic processing. *NeuroImage*, 10, 555-561.

Kansaku, K., Yamamura, A., and Kitazawa, S. (2000) Sex differences in lateralization revealed in the posterior language areas. *Cerebral Cortex*, 10, 866-872.

Kaschak, M.P., Leney, R.A., and Borreggine, K.L. (2006) Recent expereence affects the strength of structural priming. *Cognition*, 99, B73-B82.

Keenan, E.L., and Comrie, B. (1977) Noun Phrase Accessibility and Universal Grammar. *Linguistic Inquiry*, 8, 63-99.

Kelly, M.H., Bock, J.K., and Keil, F.C. (1986) Prototypicality in a linguistic context: Effects on sentence structure. *Journal of Memory and Language*, 25, 59-74.

Kempen, G., and Harbusch, K. (2004) A Corpus study into word order variation in German subordinate clauses: Animacy affects linearization independently of grammatical function assignment. In Pechmann, T (Ed.), *Language Production*, 173-181. Berlin: Mouton..

Kempen, G., and Hoenkamp, E. (1987) An incremental procedural grammar for sentence formulation. *Cognitive Science*, 11, 201-288.

Kimball, J. (1973) Seven principles of surface structure parsing in natural language. *Cognition*, 2, 15-47.

King, J.W., and Just, M.A. (1991) Individual differences in syntactic processing: the role of working memory. *Journal of Memory and Language*, 30, 580 602.

Konopka, A., and Bock, K. (2005) Helping syntax out: How much do words do? Paper presented at the 18th annual CUNY conference on human sentence processing, Tucson, AZ.

Lau, E.F., Phillips, C., and Poeppel, D. (2008) A cortical network for semantics: (de)constructing the N400. *Nature Reviews Neuroscience*, 9, 920-933.

Levelt, W.J.M., Roelofs, A., and Meyer, A.S. (1999) A Theory of Lexical Access in Speech Production. *Behavioral and Brain Sciences*, 22, 1-75.

Levelt, W.J.M. (1999) Producing spoken language: a blueprint of the speaker. In C. M. Brown and P. Hagoort (Eds.), *The Neurocogntion of Lnaguage*, 83-166. Oxford: Oxford University Press.

Levelt, W., and Kelter, S. (1982) Surface form and memory in question answering. *Cognitive Psychology*, 14, 78–106.

Levelt, W.J.M. (1989) *Speaking: From intention to articulation.* Cambridge, MA: MIT Press.

Levelt, W.J.M. (1999) Models of word production. *Trends in Cognitive Sciences*, 3, 223-229.

Levelt, W.J.M., Roelofs, A., & Meyer, A.S. (1999) A theory of lexical access in speech production. *Behavioral and Brain Sciences*, 22, 1-38.

Lindsley, J.R. (1975) Producing simple utterances: How far ahead do we plan? *Cognitive Psychology*, 7, 1-19.

Marr, D. (1979) Visual information processing: The structure and creation of visual representations. *Proceedings of the Sixth International Joint Conference on Artificial Intelligence* 1, 1108–1126.

Mason, R.A., and Just, M.A. (2004) How the brain processes causal inferences in text: A multiple process theory of language function in both hemispheres. *Psychological Science*, 15, 1-7

Mason, R.A., and Just, M.A. (2009) The role of the theory-of-mind cortical network in the comprehension of narratives. *Language and Linguistics Compass*, 3, 157-174.

Mazuka, R., Itoh, K., and Kondo, T. (2002) Costs of scrambling in Japanese sentence processing. In M. Nakayama (Eds.) *Sentence processing in East Asian languages*, 131-166. Stanford, CA: CSLI.

McDonald, J., Bock, K., and Kelly, M.H. (1993) Word and world order: Semantic, phonological, and metrical determinants of serial position. *Cognitive Psychology*, 25, 188-230.

McElree, B., and Griffith, T. (1995) Syntactic and thematic processing in sentence comprehension: Evidence for a temporal dissociation. *Journal of Experimental Psychology: Learning, Memory, and Cognition*, 21, 134-157.

Miller, G.A., and Chomsky, N. (1963) Finitary models of language users. In R. D. Luce, R. R. Bush and E. Galanter (Eds.), *Handbook of Mathematical Psychology*, 419-491. John Wiley.

Miyamoto, E.T., and Takahashi, S. (2002a) Antecedent reactivation in the processing of scrambling in Japanese. In T. Ionin, H.Ko., & A. Nevins (Eds.), The Proceedings of HUMIT 2001 - *MIT Working Papers in Linguistics*, 43, 123-138. Cambridge, MA: MITWPL.

Musso, M., Moro, A., Glauche, V., Rijntjes, M., Reichenbach, J., Buchel, C., and Weiller, C. (2003) Broca's area and the language instinct. *Nature Neuroscience*, 6, 774-781.

Nakano, Y., Felser, C., and Clahsen, H. (2002) Antecedent priming at trace positions in Japanese long-distance scrambling. *Journal of Psycholinguistic Research*, 31, 531-571.

Noguchi, Y., Takeuchi, T., and Sakai, K.L. (2002) Lateralized activation in the inferior frontal cortex during syntactic processing: event-related optical topography study. *Human Brain Mapping,* 17, 89 – 99.

Oldfield, R.C. (1971) The assessment and analysis of handedness: the Edinburgh inventory. *Neuropsychologia*, 9, 97–113.

Opitz, B., and Friederici, A.D. (2003) Interactions of the hippocampal system and the prefrontal cortex in learning language like-rules. *NeuroImage*, 19, 1730-1737.

Otsu, Y. (1994) Early acquisition of scrambling in Japanese, in Hoekstra, Teun and Bonnie D. Schwartz (eds.) *Language acquisition studies in generative grammar*, 253-264, Amsterdam: John Benjamins Publishing Company.

Phillips, C. (2006) The Real-time Status of Island Phenomena. *Language*, 82, 795-823.

Pickering, M.J., and Garrod, S. (2007) Do people use language production to make predictions during comprehension? *Trends in Cognitive Sciences*, 11, 105-110.

Pickering, M.J., and Branigan, H.P. (1998) The representation of verbs: Evidence from syntactic priming in written production. *Journal of Memory and Language*, 39, 633-655.

Prat-Sala, M., and Branigan, H.P. (2000) Discourse constraints on syntactic processing in language production: a crosslinguistic study in English and Spanish. *Journal of Memory and Language*, 42, 168–182.

Pritchett, B.L. (1992) *Grammaticdal Competence and Parsing Performance*. The University of Chicago Press.

Rayner, K., Carlson, M., and Frazier, L. (1983) The interaction of syntax and semantics during sentence processing: Eye movements in the analysis of semantically biased sentences. *Journal of Verbal Learning and Verbal Behavior*, 22, 358-374.

Röder, B., Stock, O., Neville, H., Bien, S., and Röser, F. (2002) Brain activation modulated by the comprehension of normal and pseudoword sentences of different processing demands: a functional magnetic resonance imaging study. *NeuroImage*, 15, 1003-1014.

Rogalsky, C., Matchin, W., and Hickok, G. (2008) Broca's area, sentence comprehension, and working memory: an fMRI study. *Frontiers in Human Neuroscience*, 2, 1-13.

Rudrauf, D., Mehta, S., Bruss, J., Tranel, D., Damasio, H., and Grabowski, T.J. (2008) Threshholding lesion overlap difference maps: Application to category-related naming and recognition deficits. *NeuroImage*, 41, 970-984.

Saito, M. (1985) *Some asymmetries in Japanese and their theoretical implications*. Doctoral dissertation, MIT.

Sakai, K. L. (2005) Language acquisition and brain development. *Science*, 310, 815-819.

Saur D., Kreher. B.W., Schnell, S., Kummerer, D., Kellmeyer, P., Vry, M.-S., Umarova, R., Musso, M., Glauche, V., Abel, S., Huber, W., Rijntjets, M., Hennig, J., and Weiller, C. (2008) Ventral and dorsal pathways for language. *Proceedings of the National Academy of Science of the United States of America*, 105, 18035–18040.

Smith, M.C., and Wheeldon, L.R. (1999) High level processing scope in spoken sentence production. *Cognition*, 73, 205–246.

Snedeker, J., and Trueswell, J.C. (2003) Using prosody to avoid ambiguity: Effects of speaker awareness and referential context. *Journal of Memory and Language*, 48, 103-130.

Sridhar, S.N. (1988) *Cognition and Sentence Production: a Cross-Linguistic Study*. New York : Springer.

Stowe, L.A. (1986) Evidence for on-line gap-location. *Language and Cognitive Processes*, 1, 227–45.

Stromswold, K., Caplan, D., Alpert, N., and Rauch, S. (1996) Localization of syntactic comprehension by positron emission tomography. *Brain and Language*, 52, 452-473.

Talairach, J., and Tournoux, P. (1998) *Co-Planar stereotactic atlas of the human brain*. New York: Theime Medical.

Tamaoka, K., Sakai, H., Kawahara, J.I., Miyaoka, Y., Lim, H., and Koizumi, M. (2005) Priority information used for the processing of Japanese sentences: thematic roles, case particles or grammatical functions? *Journal of Psycholinguistic Research*, 34, 281-332.

Tanaka, M., Branigan, H.P., and Pickering, M.J. (2008) Conceptual influences on word order and voice in Japanese sentence production. Ms. Tohoku University.

Tarkiainen, A., Cornelissen, P.L., and Salmelin, R. (2002) Dynamics of visual feature analysis and object-level processing in face versus letter-string perception. *Brain*, 125, 1125-1136.

Thothathiri, M., and Snedeker, J. (2008) Give and take: Syntactic priming during spoken language comprehension. *Cognition*, 108, 51-68.

Traxler, M.J., and Pickering, M.J. (1996) Plausibility and the processing of unbounded dependencies: An eye-tracking study. *Journal of Memory and Language*, 35, 454-475.

Trueswell, J.C., Tanenhaus, M.K., and Kello, C. (1993) Verb-specific constraints in sentence processing: separating effects of lexical preference from garden-paths. *Journal of Experimental Psychology: Learning, Memory and Cognition*, 19, 528–553

Van Gompel, R.P.G., Pickering, M.J., Person, J., and Liversedge, S.P. (2005) Evidenc against competition during syntactic ambiguity resolution. *Journal of Memory and Language*, 52, 284-307.

Wartenburger, I., Heekeren, H., Abutalebi, J., Cappa, S., Villringer, A., and Perani, D. (2003) Early setting of grammatical processing in the bilingual brain.

Neuron, 37, 159-170.

Yoshida, M. (2006) *Constraints and Mechanisms in Long-Distance Dependency Formation*. Doctoral dissertation, University of Maryland.

Zurif, E., Swinney, D., Prather, P, Solomon, J., and Bushell, C. (1993) An on-line analysis of syntactic processing in Broca's and Wernicke's aphasia. *Brain and Language*, 45, 448-464.

中條和光 (1983)「日本語単文の理解過程－文理解ストラテジーの相互関係－」.『The Japanese Journal of Psychology』54, 250-256.

天野成昭,近藤公久(編著) (2003)「NTTデータベースシリーズ 日本語の語彙特性 第1期CD-ROM版 単語親密度」東京: 三省堂.

玉岡賀津雄 (2005)「中国語を母語とする日本語学習者による 正順·かき混ぜ語順の能動文と可能文の理解」.『日本語文法』, 92-109.

金情浩·小泉政利 (2007)「日本語L2学習者によるかき混ぜ文理解のメカニズム」.『日本語学研究』18, pp.95-111.

색인

R

S

T

U

V

W

◆ 고이즈미 마사토시(小泉 政利)
미국 매사추세츠 공과대학교(MIT) 언어철학과 대학원
박사과정 수료 (Ph.D.)
현) 일본 동북대학교 대학원 문학연구과 교수

◆ 김정호(金情浩)
일본 동북대학교 대학원 문학연구과 박사과정 수료 (Ph.D.)
현) 일본 교토여자대학교 문학부 준교수

◆ 조영호(曺永湖)
일본 동북대학교 대학원 문학연구과 박사과정 수료 (Ph.D.)
현) 동의대학교 인문사회과학대학 일본어학과 교수
원아시아미래연구소장

언어 인지 뇌과학 입문서

초판 1쇄 발행 _ 2019년 7월 28일

공 저 • 고이즈미 마사토시 · 김정호 · 조영호
발행인 • 정 현 걸
발 행 • 신 아 사
인 쇄 • 대명프린팅
출판등록 • 1956년 1월 5일 (제9-52호)
주 소 • 서울시 은평구 통일로 59길 4(2F)
전 화 • 02)382-6411 · 팩스 02)382-6401
홈페이지 • www.shinasa.co.kr
E-MAIL • shinasa@daum.net

ISBN 978-89-8396-347-5 (93700)

정가 13,000원